莱｜布｜尼｜茨｜著｜作｜书｜信｜集

哲学家的告白

论恶的问题 1671—1678

［德］莱布尼茨 著　高海青 译　王克迪 校

CONFESSIO PHILOSOPHI
PAPERS CONCERNING THE PROBLEM
OF EVIL, 1671-1678

人民出版社

耶鲁莱布尼茨系列

丹尼尔·嘉伯　罗伯特·斯莱　主编

"耶鲁莱布尼茨"是一套系列丛书，其中包括大量的莱布尼茨文稿及其译文。每一卷不仅有原文，在对开页上还有英文翻译。原文文本达到了现代文本考证学的最高标准。其中有些文本来自科学院主编的《莱布尼茨书信著作全集》，其他文本则来自同样达到全集编辑标准的其他版本的著作书信集。有些文本将来自莱布尼茨的手稿和早期印刷资料，在科学院版编辑的鼎力帮助下进行了编辑或重新编辑。我们的编译工作有一个新的目标，那就是使学生和学者更容易获取文本。

该系列丛书的目的不是出版莱布尼茨全集，也不是出版综合性的选集。尽管编辑与翻译都有统一的标准，但每一卷还是想成为独立的文集，自成一体。该系列丛书的重点是莱布尼茨的哲学思想，不过是广义上的，其内容不仅包括他的形而上学、认识论，还包括他的神学、物理学，乃至他的数学。

　　每一卷的编辑和翻译人，都是一位从国际学术界中选出的研究 17 世纪后期哲学最优秀的学者。

目　录

序　言

历时多年，这一卷终于要出版了。该计划开始于一个与美国国家人文基金会 1981 年夏季研讨会有关的拉丁语读书会，在会议结束时，詹姆斯·斯塔姆（James Stam）与我接受了这项把《哲学家的告白》及其相关文本翻译成英文的任务。斯塔姆负责完成《哲学家的告白》及其他篇章的初稿。布兰登·卢克（Brandon Look）也应邀加入了这项计划，他负责翻译难度极大的《论上帝的全知全能与人的自由》这篇德语文章。他对自己的译文负责，而我则对除此之外的其他所有译文、注释、引言与索引的最终稿负责。

在这里，我要真诚地感谢罗伯特·亚当斯（Robert Adams）、理查德·亚瑟(Richard T. W. Arthur)、托德·贝茨(Todd Bates)、乔纳森·本尼特（Jonathan Bennett）、安德鲁·布莱克（AndrewBlack）、戴维·布卢门菲尔德（David Blumenfeld）、迈克尔·卡瓦托尔塔（Michael Cavatorta）、丹尼尔·柯

1

恩（Daniel Cohen）、简·科弗（Jan Cover）、杰克·戴维森（Jack Davidson）、迈克尔·盖辛格（Michael Getzinger）、肖恩·格林伯格（Sean Greenberg）、迈克尔·格里芬（Michael Griffin）、杰克·汉森（Jack Hanson）、尼古拉斯·乔利（Nicholas Jolley）、斯文·克内贝尔（Sven Knebel）、马克·库斯达德（Mark Kulstad）、英格丽德·马尔赫维察（Ingrid Marchlewitz）、克里斯蒂安·麦瑟尔（Christia Mercer）、迈克尔·墨瑞（Michael Murray）、阿兰·尼尔森（Alan Nelson）、希拉里·诺贝尔（Hilary Nobel）、哈里·帕金森（Harry Parkinson）、沃尔特·拉特延（Walter Ratjen）、唐纳德·卢瑟福（Donald Rutherford）、雷金纳德·萨维奇（Reginald Savage）、玛丽亚－布里奇特·施罗德（Maria–Brigitte Schröder）、布莱恩·史盖利（Brian Skelly），以及埃里克·威勒伯格（Eric Wielenberg）等众多学者的帮助，尤其要感谢罗伯特·亚当斯、哈里·帕金森和唐纳德·卢瑟福所提出的详细的建议，这些建议极大地提高了《哲学家的告白》的翻译质量。

我很感激苏珊·霍顿（Susan Holden）和西尔维娅·豪斯（Sylvia Howes）在日常工作上的支持，以及我的研究助理朱莉·佩蒂（Julie Petty）和詹妮弗·苏瑟（Jennifer Sussè）的帮助。感谢马萨诸塞大学安姆斯特分校人文艺术学院哲学系主任约翰·鲁宾逊（John Robison）和院长李·爱德华兹（Lee Edwards）的支持。

汉诺威的下萨克森州立图书馆莱布尼茨档案馆主任赫伯

特·布雷格（Herbert Breger）给了我一份手写版的《哲学家的告白》的复印件，对此，我深表感谢。关于此事，我还要感谢图书馆手稿部的安可·赫尔策（Anke Hölzer）的帮助。明斯特莱布尼茨研究所前所长海因里希·谢波斯（Heinrich Schepers）及其继任者托马斯·莱因考夫（Thomas Leinkauf）也为我们提供了支持。

此外，我还想对国家人文基金会的研究项目部表达我的谢意，该部门为我提供了一笔补助金，用于资助我在 1994 年夏至 1995 年夏期间的翻译工作。

最后，我要感谢耶鲁大学出版社的苏珊·莱蒂（Susan Laity），她对这部复杂艰涩的手稿做了耐心而又专业的编辑。

缩略词表

A=*Gottfried Wilhelm Leibniz: Sämtliche Schriften undBriefe*, ed. Deutsche Akademie der Wissenschaften（Darmstadt:Akademie-Verlag, 1923— ）。按系列、卷号和页码引用；或按系列、卷号和文章编号引用。

AG=*Leibniz: Philosophical Essays*, ed. and trans. Roger Ariew and Daniel Garber（Indianapolis: Hackett, 1989）.

C=*Opuscules et fragments inédits de Leibniz*, ed. Louis Couturat（Paris: Alcan, 1903; reprint ed. Hildesheim: Olms, 1966）.

Causa Dei=*G. W. Leibniz, Causa Dei*, trans. Paul Schrecker and Anne Martin Schrecker, in *Monadology and Other Philosophical Essays*（Indianapolis: Bobbs-Merrill, 1965）。按章节编号引用。

Commentaryon Burnet =Leibniz's commentary on article 17, "On Predestinationand Election", of Gilbert Burnet, *An Exposition*

1

of the Thirty-nine Articles of the Church of England (London,1699), found in LH I XVIII。按伯内特的章节编号和莱布尼茨的注释字母引用。

DSR=*G. W. Leibniz, De Summa Rerum: Metaphysical Papers,1675–1676*, ed. and trans. G. H. R. Parkinson (New Haven:Yale University Press, 1992).

DM=*G. W. Leibniz, Discourse on Metaphysics*, trans. Peter G. Lucas and Leslie Grint (Manchester: Manchester UniversityPress, 1961)。按章节编号引用。

Foucherde Careil=*Nouvelles lettres et opuscules inédits de Leibniz*, ed. L. A. Foucher de Careil (Paris: Durand, 1857; reprint ed. Hildesheim:Olms, 1975).

[xii]   G=*Die Philosophischen Schriften von G. W. Leibniz*, 7 vols.,ed. C. I. Gerhardt (Berlin: Weidmann, 1875–1890; reprint ed.Hildesheim: Olms, 1965)。按卷号和页码引用，比如，G.vi.264。

GM=*Leibnizens Mathematische Schriften*, 7 vols., ed. C. I.Gerhardt (Berlin: Asher and Schmidt, 1849–1863; reprint ed.Hildesheim: Olms, 1963)。按卷号和页码引用，比如，GM.ii.231。

Grua=*G. W. Leibniz, Textes inédits*, 2 vols., ed. Gaston Grua (Paris: Presses Universitaires de France, 1948; reprint ed.New York: Garland, 1985).

Guhrauer=*G. E. Guhrauer, Gottfried Wilhelm Freiherr von Leibniz. Eine Biographie*（Breslau: Hirt, 1842; reprint ed. Hildesheim: Olms, 1966）.

Huggard=*Gottfried Wilhelm Leibniz, Theodicy*, ed. A. Farrer andtrans. E. M. Huggard（La Salle, Ill.: Open Court, 1985）。按页码引用。

JUL=Gaston Grua, *Jurisprudence universelle et théodicéeselon Leibniz*（Paris: Presses Universitaires de France, 1953; reprint ed. New York: Garland, 1985）.

L=*Gottfried Wilhelm Leibniz: Philosophical Papers and Letters*, 2d ed., ed. and trans. Leroy E. Loemker（Dordrecht: Reidel, 1969）.

LA=*The Leibniz-Arnauld Correspondence*, ed. and trans. H. T. Mason（Manchester: Manchester University Press, 1967）。按页码引用，比如，Gii:56。

LB=Eduard Bodemann, *Der Briefwechsel des Gottfried WilhelmLeibniz in der Königlichen öffentlichen Bibliothek zuHannover*（Hanover, 1889; reprint ed. Hildesheim: Olms, 1966）.

LC=*Leibniz-Clarke Correspondence, trans.* H. G. Alexander（Manchester: Manchester University Press, 1956）。按页码引用，比如，Gvii:389。　　　　　　　　　　　　　　　　　　　[xiii]

LH =Eduard Bodemann, *Die Leibniz-Handschriften der Königlichen öffentlichen Bibliothek zu Hannover*（Hanover, 1895;

reprint ed. Hildesheim: Olms, 1966）.

Monadology=*Gottfried Wilhelm Leibniz: Monadology*, trans. in AG。按章节编号引用。

NE=*Gottfried Wilhelm Leibniz: New Essays on Human Understanding*, ed. and trans. Peter Remnant and JonathanBennett（Cambridge: Cambridge University Press, 1981）。按页码引用，比如，A VI.vi:181。

P=*Gottfried Wilhelm Leibniz: Logical Papers*, ed. and trans.G. H. R. Parkinson（Oxford: Clarendon, 1966）.

PNG=*G. W. Leibniz, Principes de la nature et de la grace-fondes en raison/Principes de la philosophie ou Mondadologie*, ed. Andre Robinet（Paris: Presses Universitaires de France, 1954）。按章节编号引用。关于它的译文，参见 AG。

PW=*Gottfried Wilhelm Leibniz: Philosophical Writings*, ed.and trans. Mary Morris and G. H. R. Parkinson（London:Dent, 1973）.

T=*G. W. Leibniz, Essais de Théodicée: Sur la bonté de Dieu, la liberté de l'homme et l'origine du mal*（Amsterdam:Isaac Troyel, 1710）。按章节编号引用。关于它的译文，参见 Huggard。

WF=*Leibniz's "New System" and Associated Contemporary-Texts*, ed. and trans. R. S. Woolhouse and Richard Francks（Oxford: Clarendon, 1997）.

关于文本、翻译及引用方式的说明

莱布尼茨作品的标准版本，即柏林科学院在《莱布尼茨书信著作全集》（以下简称"科学院版"）的标题下正在编纂的版本。这项不朽的事业的第一卷早在 1923 年就已经面世；目前，编辑工作还在进行，距离完成仍旧遥遥无期。莱布尼茨的哲学作品在科学院版中分为六个系列，他的哲学通信是系列二。目前，哲学通信仅有一卷面世，以下简称"A II.i"，它涵括了 1663 年至 1685 年的文本（"A"指的是科学院版，"II"指的是系列二，"i"指的是系列二第一卷。因此，符号"A II.i:117–118"指的是科学院版系列二第一卷第 117—118 页——大家后面会看到，这是《致马格纳斯·威德考普夫》的出处）。有的地方引用的是科学院版的文章编号。因此"A II.i N60"同样指的是《致马格纳斯·威德考普夫》。五卷哲学著作已经陆续完成，以下分别简称"A VI.i""A VI.ii""A VI.iii""A VI.iv"以及"A VI.vi"（第五卷尚未出版）。前四卷主要包括

1

1663 年至 17 世纪 90 年代中期这段时间的作品，第五卷（AVI. vi）包括创作于 1703—1705 年的《人类理智新论》（*Nouveaux essais sur l'entendement humain*，简称"NE"）以及相关的几篇短文。所有的日期都从莱布尼茨使用的儒略历转换成了现在使用的格里高利历。

除了一个例外，本卷中的原文都出自科学院版，我们在文中对这个版本的各种排版上的特点都做了说明。本卷没有把科学院版中出现的文本的其他版本收录进来；不过，我们在文中对哲学意义重大的其他版本进行了注解。如果我们觉得有必要提示注意莱布尼茨添加到前一个版本中的某段话，我们就会用尖括号将这段话括起来。本卷唯一一篇文章不是来自科学院版的文本是《论上帝的全知全能与人的自由》（*Von der Allmacht und Allwissenheit Gottes und der Freiheit des Menschen*）。在科学院版中，它用的是哥特体。为了便于印刷，我们用的是马萨诸塞大学安姆斯特分校日耳曼语言文学系博士研究生贝斯·摩尔（Beth Moore）为我们预备的这份罗马体的文本。

《哲学家的告白》的原始版本通常被称为"LH I 3, 5 Bl 1–22"。为什么呢？我们来解释一下。自 1863 年起，汉诺威市的图书管理员爱德华·博德曼（Eduard Bodemann）就已经开始对莱布尼茨的论文进行编目分类。1889 年，博德曼以《汉诺威皇家公共图书馆莱布尼茨手稿》（*Die Leibniz-Handschriften der Königlichen öffentlichen Bibliothek zu Hannover*）为题发表了一份莱布尼茨手稿目录。奥尔姆斯出版社后来再版了这份目录（Hildesheim, 1966）。汉诺威皇家公共图书馆就是现在的下萨克森州立图书馆（Die Niedersächsische Landesbibliothek）。所以"LH"代表的是"Leibniz-Handschriften"，即莱布尼茨手稿。"I"指的是博德曼目录中的系列一（理论作品）；"3"代表的是第三卷；"5"代表的是第三卷的第五部分；而"Bl 1–22"代表的是编入第五部分的前 22 页。需要注意的是，《莱布尼茨手稿》指的是作者为莱布尼茨的手写材料；它并不意味着作品就是莱布尼茨笔迹。《哲学家的告白》实际上是莱布尼茨几个秘书的手迹，不过上面的更正是莱布尼茨的手迹。毋庸置疑，曾经肯定有一份莱布尼茨手迹的原始稿（也许仍在某个阁楼里），但至今还没有找到。

LH I 3, 5 Bl 6（右页）–22 是一份完整的《哲学家的告白》手稿。我们称之为 LA。 LH I 3, 5 Bl 1–6（左页）是《哲学家的告白》最后四分之一的修订版本。我们称之为 LB。凡是修订版本（LB）在哲学意义上不同于最初版本（LA）的地方，我都会在注释中指出。

《哲学家的告白》最早出现在了伊万·贾戈丁斯基编辑出版的一本题为《莱布尼茨未发表的作品〈哲学家的告白〉》（Ivan Jagodinsky, *Leibnitiana inedita "Confessio philosophi"*, Kazan, 1915）的书中。后来，伊冯·贝拉瓦尔以《莱布尼茨，〈哲学家的告白〉——哲学家宗教信仰的声明》（Yvon Belaval, G. W. Leibniz, "*Confessio philosophi*"—*La Profession de foi du philosophe*, Paris: Vrin, 1961）为题编写了一个法文译本。它的

修订版于 1970 年在巴黎出版。奥托·萨姆在仔细推敲手稿的基础上以《莱布尼茨的〈哲学家的告白〉》(Otto Saame, G. W. Leibniz: "*Confessio philosophi*", Frankfurt am Main: Klostermann, 1967, 经稍微改动后于 1994 年再版)为题编写了一个德译本。我特别感激萨姆，因为正是他辨认出了页面空白处反对意见的提出者。但我对萨姆的感激之情远不止于此。每当我遇到麻烦时，我都会求助于他的翻译；他的学术研究成了我的指引。我还要感谢伊冯·贝拉瓦尔的翻译；感谢埃塞基耶尔·奥拉索(Ezequiel de Olaso)，他的学术研究和翻译同样给了我很大的帮助，参见"La profesión de se del filósofo", in G. W. Leibniz, *Escritos Filosoficos*, Buenos Aires, 1982, pp.96–144；感谢弗朗西斯科·皮罗(Francesco Piro)，参见他翻译的"*Confessio philosophi*" *e altri scritti*, Naples, 1992；感谢孔查·罗丹·帕纳德罗(Concha Roldán Panadero)和罗伯托·罗德里格斯·阿拉马约(Roberto Rodriguez Aramayo)，参见他们翻译的 *Escritos en torno a la libertad, el azar y el destino*, Madrid, 1990。

[xvii]　　我的目标是拿出一个既贴近文本又具有可读性的译本，所以，凡是拿译文与文本进行比较的人都会明显地注意到，在我努力使译文具有可读性的过程中，我没有受制于莱布尼茨的句子结构或标点符号。在文本中有一些段落，我并没有理解莱布尼茨在这里想要表达的哲学观点——因为这些段落对我来说就像是谜一般。我不仅希望我的译本精确，而且也希望它在相关的地方同样谜一般。不过，使一个谜与原来的谜保持一致，这

可能是一个译者最难处理的问题。

在这本书中，有两种注释。旁注及类似的注释（通常是莱布尼茨所写）以脚注的形式出现在了文中，以"L"为前缀按顺序进行了编号，比如，"L1"等。编辑的注释以尾注的形式出现在了文中。

引言和注释中引证的所有段落皆以英文呈现了出来，随后包含该段落的参考文献出处则以原文的语言呈现了出来。在引用莱布尼茨所写的资料时，我们都会尽可能地引用科学院版的资料。如果是科学院版中还没有出现的资料，我们就会引用标准的出版文献或通过博德曼的目录编号来引证。莱布尼茨本卷文章的原标题出现在了目录所列的引文里。在其他地方，通常情况下，我没有翻译除莱布尼茨以外的其他人的作品的标题，但我把莱布尼茨的作品的标题都译成了英文，除了一些例外，比如，"Confessio""Causa Dei""De summa rerum"，以及"De affectibus"——我没有把前三个译成英文是因为这些作品众所周知，而没有把最后一个译成英文是因为我尝试过的所有译法都引起了不必要的争议（不过，就《哲学家的告白》的这个译本来说，我已经把标题"Confessio"译成了英文）。除了莱布尼茨最著名的作品之外，我的策略是完整地引用原文标题，随后是我的翻译。但接下来的引用则使用英文标题。

引　言

1. 恶与神正论

诺曼·鲍威尔·威廉姆斯（Norman Powell Williams）在他的《堕落与原罪观念》（*Ideas of the Fall and of Original Sin*）中写道："恶的问题是最重大、最骇人听闻、最棘手的问题，它一直困扰着人类的思想。"[1] 有些人或许希望为解决其他伤脑筋的问题而奋斗，但毫无疑问，纵贯整个西方思想史，哲学家与神学家把主要的精力都放在了解决、化解或以其他方式消除恶的问题上。

就其最一般的形式而言，恶的问题关注的是被造世界中恶的存在与那种在有神论者看来归属于造物主的品质是否相容的问题，具体而言，就是恶的存在与造物主的完满道德、圣洁、正义、智慧以及力量是否相容的问题。莱布尼茨一生都在关注

1

这个一般性的问题，这在他生前出版的唯一一部哲学著作《神正论》中得到了集中的体现，此外，他也关注具体的问题，而这些问题起因通常被归属于上帝的各式各样的特征与世界的本性明显不相容。他尤为关注四种特殊情况。第一种情况威胁到了上帝的圣洁，因为上帝显然**在道德上协助罪**，也就是说，祂原本有能力制止罪但却没有制止。第二种情况同样威胁到了上帝的圣洁，因为按莱布尼茨所接受的那个论点，即**上帝在物理上协助**祂的受造物的一切行为，包括罪行——也就是说，上帝因果地促成了一切罪行，因为如果祂不这样促成的话，罪行不可能发生。第三种情况威胁到了上帝的正义，因为上帝施予惩罚（甚至永恒的诅咒）与上帝完全按照天意掌控祂的造物（当然，有罪者也不例外）这两个论点纠缠在了一起。第四种情况同样威胁到了上帝的正义，因为救赎归根结底就是神赐予人类恩典与这种赐予毫无理由（也就是说，那些被赐予恩典的人的功过完全无关紧要）这两个论点纠缠了一起。

莱布尼茨在其学术生涯的后期创造了"**神正论**"（théodicée）这个术语以指称这一类与上帝创世的方式的正当性有关的问题，而我们或许可以照着他的方式把它们称为神正论的问题。

2.《哲学家的告白》及相关文本

本卷的核心部分是莱布尼茨的《哲学家的告白》，它以对话的形式探讨了神的正义的问题，据科学院版编辑们估计，它可能写于 1672 年秋，或 1672—1673 年冬。从《哲学家的告白》来看，莱布尼茨的目的是解决他写于 1671 年的《论上帝的全知全能与人的自由》中提出但大多数尚未得到解决的各式各样的神的正义的问题。他的另外一个目的是提出相对于 1671年 5 月写给马格纳斯·威德考普夫（Magnus Wedderkopf）的信中的那些解决办法来说不那么尖锐的办法。因此，我们把译文《致马格纳斯·威德考普夫》与《论上帝的全知全能与人的自由》放在了译文《哲学家的告白》的前面。《论上帝的全知全能与人的自由》是莱布尼茨于 1668 年至 1672 年完成的作为 "天主教的推证" 这项计划的文稿的诸多文章之一，而该计划的大纲以 "关于天主教的推证的大纲"（Demonstrationum Catholicarum Conspectus）为题出现在了标准版当中（A VI. i: 494–500）。

正如 "大纲" 所概括的那样，"天主教的推证" 分为四个部分。第一部分，即 "关于上帝存在的推证"，它将涉及本卷文章探讨的主题：充足理由原则，以及神的保持乃持续创造的教义。第二部分的标题是 "关于灵魂的非物质性与不朽性的推证"。第三部分题为 "关于基督教信仰的奥秘的可能性的推证"。第三部分有很多章节将涉及本卷探讨的其他主题：神的全知，其中包括对 "中间知识" 学说的批判；神的全能，其中包括对霍布斯和威克里夫（Wyclif）的批判；自由的本质与神的义务的本质；上帝和人类各自因果地促成了恶——尤其是罪——的发生；原罪说；以及大罪与小罪各自的本质。第四部分的标题是"关于天主教会与圣经的权威的推证"。

　　但要记住,莱布尼茨是一位路德教徒。他一生中碰到过很多次皈依天主教的机会,不过,他始终没有改变过信仰。但终其一生,为教派的重新统一——即新教方面的加尔文宗与路德宗的重新统一,以及最终新教与天主教的重新统一——奠定哲学基础一直都是莱布尼茨优先考虑的事业。[2]"天主教的推证"目的就是为了促成该事业。因为该卷的很多文章可以说为《关于天主教的推证的大纲》中的许多主题提供了素材,所以它们同样可以说对这个统一事业做出了贡献。但是,它们的目的不止于此。它们重点关注的是恶的问题及其相关主题,也就是说,人的自由和神的中间知识。恶的问题是一个机会均等的两难困境;换言之,任何一种正统的基督教——任何一种基督教都认为上帝是全能的、全知的、道德上完满的创造者,但按照天意,它们同样认为存在着恶——都不得不去面对由这些教义带来的一系列问题。在早期的文章中,包括《哲学家的告白》,莱布尼茨的目的就是为了解决这些相关的问题,并没有太过在意重新统一。与此相反,在莱布尼茨成熟时期出版的讨论该主题的作品中,即《神正论》中,调和教派的外交目的更加明显。莱布尼茨在他许多关于神的正义主题的成熟作品中对外交问题的谨慎和关切并不存在于本卷所收集的早期作品之中。因此,我们很难看到与早期作品同等尖锐的成熟作品,但在早期作品中,莱布尼茨却以这种方式对他视之为解决罪的创造者的标准的学术努力表达了自己的态度。在他的文章《罪的创造者》(被

[xxi]

收入了本卷）中，莱布尼茨写道："至于人们说上帝不是罪的创造者，因为祂不是缺乏的创造者，尽管祂可以被称为罪中一切实在的、实有的东西的创造者——我认为，这完全就是一种错觉，是过去耽于幻想的哲学的残留物，是永远不会使理性的人称心的托词。"

如前所述，《哲学家的告白》是一场对话。莱布尼茨很少以对话的形式创作哲学作品，因此我们很庆幸能够看到它。不但如此，随着对话的展开，特别是考虑到神学家——他被赋予了对哲学家这位莱布尼茨的代言人的提案系统地表达反对意见的角色——这位对话者的力量和韧性，它简直使人感到惊讶。

这些文章都完成于 1671 年至 1673 年。其余的文章都完成于 1677 年至 1678 年，而唯一的例外是有可能直到 1681 年才完成的《论自由选择》。同样，除了《论自由选择》之外，它们都与 1677 年秋至 1680 年春担任汉诺威宗座代牧的尼古拉斯·斯泰诺（Nicolaus Steno）有着确定的联系。**3** 从莱布尼茨的注释看，《关于自由问题对话斯泰诺》是莱布尼茨与斯泰诺于 1677 年 12 月 7 日就《哲学家的告白》相关主题进行对话的一份记录。莱布尼茨之所以创作《中间知识》《论选择最好的事物的必然性》以及《关于上帝知道一切可能的证明》等可能就是为了回应斯泰诺。而且斯泰诺后来的编辑在他的文章中发现了副本。斯泰诺与《哲学家的告白》之间有着密切的联系。莱布尼茨的《哲学家的告白》的原始手稿至今还没有找到，不过有一份秘书手写的版本，上面的更正是莱布尼茨的手迹，页

[xxii]

5

面空白处对《哲学家的告白》某些学说提出的异议是另一个人的手迹，而上面的回复则是莱布尼茨的手迹。《哲学家的告白》的早期编辑伊万·贾戈丁斯基推测说这些异议是安托万·阿尔诺（Antoine Arnauld）所写；伊冯·贝拉瓦尔（Yvon Belaval）则认为这些异议可能来自西蒙·傅歇（Simon Foucher）。奥托·萨姆（Otto Saame）对《哲学家的告白》的编辑（和德文翻译）表现出了非凡的学术性，他通过极其仔细地比较手迹明确地指出这些异议的提出者就是斯泰诺。

在以汉诺威宫廷为中心的重新统一活动激烈紧张地进行的历史时期，斯泰诺在汉诺威担任宗座代牧。他改变了信仰，皈依了天主教，而改变信仰之前，他已经在解剖学和地质学方面做出了重要的贡献。莱布尼茨对斯泰诺的看法是，他首先是解剖学家和地质学家，其次才是神学家，这在《神正论》第100节中说得很直白，他写道："他是一位伟大的解剖学家，精通自然知识，但遗憾的是，他抛弃了他的研究，没有成为一位伟大的物理学家，而是成了一位平庸的神学家。"

莱布尼茨在1678年1月写给赫尔曼·康林（Hermann Conring）的信中给出了基本上相同的判断（A II.i:385）。在那之前，莱布尼茨已经与斯泰诺就宗教哲学问题进行了交谈，而且他也研究了斯泰诺所写的某些神学手稿。因此，莱布尼茨对斯泰诺能力的判断是有根据的。我没有资格质疑他的判断，但我确实觉得莱布尼茨在回应《哲学家的告白》页面空白处斯泰诺的异议时所作的尖锐批评有些过分和不当。斯泰诺有些评论确实很差劲，并且他的拉丁文表述也很差劲。但是，有些评论却是值得认真考虑的，虽然它们从根本上讲并不是决定性的。依我看，斯泰诺的很多异议正中要害。此外，我认为，《哲学家的告白》中阐释的有些观点类似于斯泰诺，莱布尼茨后来对此是有所保留的。

　　手稿——包括不同秘书手写的材料和莱布尼茨的更正——相对来说比较容易读懂（就像其他手稿那样）。不过，手稿中有几个地方（我在注释中已经指出）被撕掉了，所以就只能猜测了。幸运的是，被撕掉的并不是意义重大的哲学部分。另外，手稿还包含两个对应文本不同部分的标题。在科学院版系列六第三卷第 118 页，莱布尼茨在空白处插入了这个标题，即"关于人的自由与上帝的正义的对话的片段"（Fragmentum dialogi de humana libertate et justitia Dei）。在科学院版系列六第 [xxiii] 三卷第 140—141 页，即在《哲学家的告白》最后四分之一的修订版本的第一页的顶部，莱布尼茨写下了这个标题，即"西奥菲勒斯与伊皮斯德曼关于上帝的正义与预定论的关系及与之相关的其他方面的讨论的片段"（Fragmentum colloquii inter Theophilumet Epistemonemde justitia Dei circa praedestinationem aliisque ad hoc argumentum spectantibus）。我们有充分的理由相信，这些标题是莱布尼茨考虑发表《哲学家的告白》或其中某些部分时添上的。这带来了一个问题，即莱布尼茨到底打算怎么处理《哲学家的告白》。不过，有一件事我们可以确定，那就是他没有把它发表出来。

据科学院版的编辑估计，被收入"莱布尼茨手稿系列一第三卷第五部分"（LH I 3, 5）的手写版本的《哲学家的告白》是莱布尼茨在巴黎的那段时间——1672 年秋，或 1672—1673年冬——完成的。在科学院版系列六第三卷的引言中，据编辑推测，《关于人的自由意志的沉思》（*Meditation vom freien Willen des Menschen*）这篇文章可能是《哲学家的告白》的一份早期草稿，而关于这篇文章，莱布尼茨曾经在 1671 年写给约翰·弗里德里希（Johann Friedrich）的信中提到过。**4** 不幸的是，就像莱布尼茨的《哲学家的告白》的原始手稿一样，这篇文章也没有找到。在《神正论》的序言中，莱布尼茨写道，1673年前后，他曾经给过阿尔诺一篇用拉丁文完成的对话体的文章；其中，莱布尼茨还提到了他坚持的观点，即上帝从所有可能世界中挑出了最好的世界，而上帝之所以允许罪是因为它是最好的可能世界的组成部分（Gvi: 43 [Huggard 67]）。莱布尼茨在《神正论》第 211 节中给出了同样的断言。在 1679 年 6月 22 日写给尼古拉斯·马勒伯朗士（Nicolas de Malebranche）的信中，莱布尼茨回忆说他曾经给阿尔诺和吉勒斯·皮埃特（Gilles des Billettes）看过一篇简短的对话体文章，并声称他在这里找到了正确的自由概念。在 1694 年 12 月 27 日写给马勒伯朗士的另一封信中，莱布尼茨指出，他在巴黎给阿尔诺看过一篇拉丁文的探讨自由的对话体文章。**5** 我们有理由猜测，但不能完全确定，所有这些说的都是《哲学家的告白》，或者更有可能是它的部分草稿。

　　关于《哲学家的告白》，还有其他一些不确定的因素值得注意。据科学院版系列六第三卷的编辑估计，第二个版本——涵盖了《哲学家的告白》最后四分之一——写于 1677—1678 年。假定莱布尼茨自己标注的日期正确无误，而我们知道，"对话斯泰诺"的时间是 1677 年年末，那么我们可以推测，在同一时间，斯泰诺读到了《哲学家的告白》，并在页面空白处写下了评论。因此，1677 年年末和 1678 年年初发生了三件令我们感兴趣的事，它们分别是，莱布尼茨起草了《哲学家的告白》最后四分之一的新版本，斯泰诺在《哲学家的告白》的空白处附上了评论，以及莱布尼茨与斯泰诺就《哲学家的告白》见了一面——后来，莱布尼茨在《对话斯泰诺》中对此做了总结。[xxiv]这些事件到底是一个怎么样的时间顺序？《哲学家的告白》最后四分之一的第二个版本的空白处没有出现斯泰诺的评论——有证据（但不是太多）表明，它是在斯泰诺批判地阅读之后起草的。不幸的是，我们缺乏确定时间顺序的根据。此外，我们也缺乏确定莱布尼茨何时对正文做了多处修改的事实根据。正是对这方面的无知使我们很难理解在这些问题上莱布尼茨的思想发展。

　　除了《1671 年致威德考普夫》在《哲学论文与书信集》（L146–47）中被译成了英文之外，就像《哲学家的告白》一样，其他文本至今都没有英译本。《论上帝的全知全能与人的自由》是本卷仅有的一篇莱布尼茨用他的母语德语完成的作品。莱布尼茨的大部分哲学作品使用的都是拉丁语或法语。如果莱布尼茨后来用德语来创作哲学，并且如果《论上帝的全知全能与人的自由》是莱布尼茨后来进行哲学创作的范本，那么我们只能庆幸他后来没有这样做。这篇文章写作风格华丽，它缺少莱布尼茨素来的精确，而是充满了异乎寻常的夸大其词。莱布尼茨素来精确也许一定程度上是他用外语——拉丁语和法语——来创作哲学的意外收获。如果真是这样，那么我觉得我们应该全都用拉丁语来写作。

3. 模态

首先，我要考虑的是我所谓的"本质模态"（per se modalities）。在《哲学家的告白》中，莱布尼茨引入了这个话题，目的是为了回应神学家对他试图解决罪的创造者的问题所作的批判。神学家希望哲学家能够认真思考下面这个论证：

> （i）上帝存在是必然的；（ii）事物序列中所包含的罪由上帝的存在产生；（iii）凡是从必然的事物中产生的，它本身也是必然的。因此，（iv）罪是必然的。

毫无疑问，神学家的观点是，论证是有效的，但它的结论（iv）却是异端邪说，因此是不能接受的。不管怎么说，（i）是宗教哲学的一个基本真理，（iii）是模态逻辑的一个基本真理。所以必须摈弃（ii）。但（ii）却是莱布尼茨为了解决罪的创造者在《哲学家的告白》中所提出的方案的基本内容的一个结论。

这对于莱布尼茨所提出的解决方案来说简直糟糕透了。

　　莱布尼茨在《哲学家的告白》的初稿中给出了这样的回应，即"凡是从必然的东西中产生的，它自身也是必然的，这个说法是错误的"。之所以这样做，他显然是想否定神学家论证中的（iii）。这似乎彻底否定了模态逻辑的这个原则：

[xxv]

　　（1）如果一个条件句必然为真，而它的前件必然为真，那么它的后件同样必然为真。

　　我们很自然地认为莱布尼茨后来打消了否定（1）的念头。因为不管怎么说，他随后修订了他的初稿，所以我们看到的最终版本是："凡是从〈本质上〉必然的东西中产生的，它自身也是〈本质上〉必然的，这个说法是错误的。"因此，莱布尼茨明确地将本质模态引入了讨论。后来，在他为支持神与人的自由所作的努力中，本质模态起到了重要的作用，甚或决定性的作用。此时，在《哲学家的告白》中，莱布尼茨运用本质模态似乎只是为了避开那可怕的必然论——我们可以将其表述为

　　（2）对任何一个命题 p 来说，如果 p 为真，那么 p 必然为真。

　　注意，神学家所给出的论证可以被一般化，所以必然论是它的结论，也就是说，不只是据莱布尼茨在《哲学家的告白》中倡导的学说所讲的那样事物序列中所包含的罪来自上帝的存在，实际上所出现的事物的任何一个状态都来自上帝的存在。

我想首先讨论一下本质模态，然后再考察莱布尼茨在《哲学家的告白》中对它们的运用。在一份写于 1675 年——也就是说，在他完成了《哲学家的告白》的初稿之后，但还没有完成对它的修订之前——的重要文本中，莱布尼茨写道，"不可能性是一个有着双层含义的概念：第一层含义是不具有本质，第二层含义是不**存在**，也就是说，因为它与上帝不相容，所以过去不存在，将来也不存在"（A VI.iii:463）。这里，我们对本质上的不可能性（没有本质）与通常的形而上的不可能性（因为与上帝不相容，所以不存在）进行了区分。有趣的是，在同一文本中，莱布尼茨却写道，"凡是与必然事物不相容的，它就是不可能的"（A VI.iii:464）。这无异于肯定了（1）。莱布尼茨这样做的时候，脑子里装的肯定是通常的形而上模态，而不是本质模态。

如果把刚刚提到的这个文本与同时期的其他文本当成我们的指南，那么我们可以这样来描述本质上的可能性：只有当一个事态的出现在通常条件下有形而上的可能，或者，如果它的出现在通常条件下没有形而上的可能，但这种不可能性并不是起因于其内在固有的特征之间不相容，而是起因于这些特征与其他必然出现的事态不相容时，它有本质上的可能。**6** 作为例证，我们来看一下莱布尼茨在《对话斯泰诺》中用到的一个例子：

[xxvi]

（3）有些人是无辜的，但他们却将永远受到诅咒。

12

莱布尼茨认为，关于上帝及其正义的必然真理，当结合
（3）来考虑时，却蕴含着一种形式上的矛盾。但如果不提及上
帝及其正义，不可能性就不能这样证明。因此，他的结论是，
尽管（3）在通常意义上没有形而上的可能，但它有本质上的
可能。莱布尼茨的观点是，它的不可能性并非起因于它的固有
特征，而是起因于它与自身之外的某个存在者（尽管是某个必
然存在者）的关系（尽管是必然关系）。

莱布尼茨打算如何利用通常的形而上模态与本质模态之间
的区别来避免神学家给出的论证（不管是以实际上给出的形式
还是以必然论作为其结论的一般化的形式）中包含的批评呢？
我们一起考虑一下：

> （1′）如果一个条件句必然为真，而它的前件本质
> 上必然为真，那么它的后件同样本质上必然为真。
> 和
> （2′）对任何一个命题 p 来说，如果 p 为真，那么 p
> 本质上必然为真。

莱布尼茨注意到，应该摒弃（1′）。所以，如果一开始论
证中的（iii）被解读成了（1′），那么神学家的推理就不能证
明莱布尼茨所坚信的（ii）是造成麻烦的原因。换句话说，神
学家应该做出的回应就会与莱布尼茨的说法格格不入：莱布尼
茨的做法表明他不相信（2′），但他却意识到了不同于（1′），(1)
是可接受的，他确实无法摆脱（2），而那确是异端因而不可接

受的。所以，他最好放弃他的解释中那些把他引向（ii）的方面。换言之，神学家应该回应说，莱布尼茨对模态的区分与神学家批评的要点根本就不相关。

莱布尼茨会做出怎样的回应呢？这里几乎没有回旋的余地。很明显，他将不得不争辩说并不是（2）而是（2′）带来了异端的、不可接受的甚至可怕的论题，（2）实际上是无辜的——这与我们最初不加批判的反应完全相反。毫无疑问，莱布尼茨认为（2′）是异端的、不可接受的。也许在他写本卷这些文本的时候，莱布尼茨认为（2）是无辜的，尽管这种说法缺乏文本证据的支持。但无论如何，我不相信莱布尼茨在其哲学成熟阶段认为（2）是无辜的。从他后期的大量文本来看，莱布尼茨一直都在与这样一种赞成必然论——也就是说，赞成（2）——的论证作斗争。我们可以把这个论证归结如下：

[xxvii]

（a）因为上帝必然具有各种各样的属性，所以上帝必然选择创造最好的可能世界；（b）最好的可能世界，也就是必然的；所以，（c）所出现的所有事态都是必然的。

在这些文本中，莱布尼茨曾考虑过否定（a），也曾考虑过否定（b）。他从来都不建议接受（c），并且通过指出（c）中所讲的必然不是本质上的必然，因此没有真正的威胁，削弱了（c）。因此我倾向于认为，在他哲学成熟阶段，莱布尼茨在与必然论作斗争的过程中已不再把本质模态视为一种有效的武器，尽管他确实认为，对于捍卫自由，尤其是神的自由来说，它们至关紧要。

关于莱布尼茨对本质模态与不可接受的必然论之间关系的最终的态度，虽然我的信心不是太大，但却超出了我对莱布尼茨出于同样的理由在《哲学家的告白》修订版中所做的一切的信心。我倾向于认为，莱布尼茨在初稿中可以说基本上把本质模态与通常的形而上模态混在了一起。考虑到《论万物》中的那篇完成于 1675 年的文章，我们完全有理由相信，莱布尼茨在修订初稿时完全意识到了它们相关的区别。我们一起考虑一下莱布尼茨添加到初稿中的这句话，即"在这里，只有**本质上是**必然的，我们才说**必然**"（A VI.iii:128）。我认为，莱布尼茨是想让我们注意到这样一个事实，即初稿中提到的模态是本质模态。如果是那样的话，莱布尼茨在初稿中并没有否定（1），只是名义上把它当成了（1′）。我认为，修订稿引入了本质模态这个**术语**；不过，这些观念在初稿中就已经形成了。如果是这样，那么当莱布尼茨修订文本时，他一定意识到了不承认（2）仍然有问题。

4. 罪的创造者

神学家争论的意图是，结合神学家假设莱布尼茨可能会接受的前提，从莱布尼茨就罪的创造者问题所提出的解决方案的本质方面推出不可接受的结论。在这一部分，我将以本卷的文 [xxviii]

本为例就莱布尼茨对罪的创造者这个问题的处理的各个方面做些评论，最后再讨论一下《哲学家的告白》提供的所谓的解决方案。

在《论上帝的全知全能与人的自由》第15节，莱布尼茨提出了一个供其思考和随后供反驳的论证：

（A）如果谁故意允许犯罪，为犯罪创造一切机会，使行为主体可以去犯罪，事实上也就是挑起行为主体自身的意志，使其想去犯罪（尽管他本来是可以阻止这次犯罪，也就是说，可以避免创造机会和挑起意志的），那么他就应该是罪的创造者。

（B）正如我们所看到的那样，上帝就做了这样的事。

（C）因此，他就应该是罪的创造者。

基本上，莱布尼茨把罪的创造者的问题理解成了找出这个论证及其他从相似前提得出相同结论的论证的错误。通过《论上帝的全知全能与人的自由》的这种形式化，莱布尼茨把他对自己经常分别讨论的两个神正论问题的思考结合了起来。他思考这两个问题是为了证明上帝以有悖于祂的圣洁的方式与罪相关联。而他对第一个问题的思考涉及上帝对罪的因果作用，对第二个问题的思考则涉及这种因果作用的缺失。后者是为了证明上帝**在道德上协助**罪，前者是为了证明上帝**在物理上协助**罪。就上帝以有悖于祂的圣洁的方式在道德上协助罪来说，广泛认可的支持这个论点的论证是，对任一有可能发生的罪来说，上帝知道除非祂介入阻止它，否则它就会发生，同时祂也知道祂有能力这样做。很明显，对任一确实发生了的罪来说，上帝并未介入阻止它。而按照这个论证，任何行为主体只要知道自己可以介入阻止罪，也知道除非他介入，否则罪就会发生，但他却没有介入，那么他在道德上就应该对罪的发生负责。因此，上帝应该对罪的发生负责，即使祂只是允许它。

他思考另一个问题是为了表明上帝不只是支持和允许罪，而是更大程度上密切地参与到了罪的创造之中。莱布尼茨接受了正统的观点，即受造物完全依赖它们的造物主。因此，莱布尼茨认为，当被创造出来的行为主体行动时，行为主体不仅把它的创造、它的保持、它的能力归功于上帝的行动，行为主体的行动同样需要上帝**在物理上协助**，也就是说，需要神在因果上促成行动，因此，行动是受造物的行动，也是上帝的行动。 [xxix]

从前面引自《论上帝的全知全能与人的自由》第 15 节的这个论证来看，莱布尼茨的目的是为了攻克这一几个世纪以来哲学家和神学家竭力解答的问题。那些莱布尼茨所谓的"经院哲学家"以及一些他同时代的人，比如，霍布斯提出了一种标准的解决方案，但它却遭到了驳斥和嘲笑。我们有必要先概述一下"经院哲学家"的解决方案的基本原理。因为莱布尼茨时代尚存的说法都是托马斯·阿奎那的论点的变种，所以我们应该回到这个源头上来。按照阿奎那的说法，上帝对被创造出来的世界里所发生的一切都有一种意志，但在有些情况下，比如，在犯罪的情况下，上帝的意志仅仅是允许的意志。**7** 在许多文本中，阿奎那批判地论述了我们对第 15 节的论证所作的解释中所采用的原则，即如果一个行为主体知道他可以阻止罪，他知道除非他去阻止它，否则它就会发生，但他却没有去阻止它，那么这个行为主体就应该在道德上对罪的发生负责。其实这个原则行不通。假如有两个事态：A 和 B，每一个都有罪，每一个都可以被我所阻止，如果我不介入，每一个都会发生，而这一切我都知道。我介入阻止了 B 的发生，但却没有阻止 A 的发生。我不能**既**阻止 A 的发生**又**阻止 B 的发生，而这一切我也都知道。当然，与全能的存在相比，我的力量极其有限。但是，这个例子仍然表明，我们对第 15 节的论证所作的解释中所采用的原则行不通。通过各种文本，阿奎那最首要的目的是制定正确的原则，从而将没有阻止罪的发生(允许罪)与允许者的道德罪责联系起来，他的第二个目的是为了表明，如果有了正确的原则，并且充分理解了上帝，那么上帝就决不应对祂允许的罪负责。**8**

我们不需要去了解阿奎那在制定相关原则上所作的努力。那些拒绝经院哲学的解决方案的哲学家，包括我们关心的那个时期的霍布斯和莱布尼茨，都认为经院哲学家就上帝**在物理上协助**罪所提出的解决方案使经院哲学家就上帝所谓的**在道德上协助**罪所提出的解决方案成为了不可能。批评的要点是，经院哲学家对上帝在物理上协助罪所作的解释实际上把神圣的创造意志的概念运用到了每一个被创造出来的事态之中，以至于使神圣的允许意志成为了不可能。因此，经院哲学家为表明上帝不应在道德上对祂允许罪负责所作的努力与他们对上帝在物理上协助罪所作的解释相抵触。

我们可以再次利用阿奎那的作品。我们可以通过对比他对上帝是否是罪的原因这个问题所作的否定性回答与他对罪行是否来源于上帝所作的肯定性回答来把握他想画出的界限。**9** 阿奎那在《论潜能》（*De potentia*）中有这样一句话，即"在罪行中，一切存在者或行动都要归结于作为第一因的上帝，一切道德方面的缺陷则都要归结于作为其原因的［受造物的］自由选择"，它采取的被认为支持这一区分的说法，引起了 17 世纪经院哲学家的共鸣。**10** [xxx]

在这种理论中，一般的恶与特殊的罪被视为一种缺乏，一种道德方面的缺陷，一种存在的缺失；在有罪的事态中，上帝被认为是肯定性的东西——"存在"的东西——的第一因，有罪者的自由选择被认为从因果上讲（从道德上讲）应该对构成事态的罪恶的这样一种缺乏或道德方面的缺陷负责。上帝被认为只允许相关的行动这一方面。莱布尼茨在《论上帝的全知全能与人的自由》第 18 节嘲笑的正是这种理论，在引言第二部分那段引自《罪的创造者》的话中，莱布尼茨认为它"完全就是一种错觉""是过去耽于幻想的哲学的残留物""是永远不会使理性的人称心的托词"。在《罪的创造者》中，莱布尼茨已经准备接受行动的自然部分与道德方面之间的区分了。他已经不再嘲笑乃至否定那种把一般的恶与特殊的罪视为一种缺乏和存在的缺失的观点。他嘲笑的正是经院哲学家对这些考虑的使用。

如果你承认上帝在因果上促成了行动的每一个自然部分，那么你就不能不承认祂在因果上促成了它的道德方面，因此，在相关情况下，也就不能不承认祂在因果上促成了它的罪恶。显然，莱布尼茨认为，行动的道德性以一种必然的方式依附于它的自然性。因此，凡是对自然性承担责任的，也对依附于自然性的道德性承担责任。

在《罪的创造者》与《论上帝的全知全能与人的自由》中，莱布尼茨批评了经院哲学家的解释，但他没有给出一个替代方案，以解决罪的创造者这个问题。在《致马格纳斯·威德考普夫》中，他提出了一个初步的替代方案；在《哲学家的告白》中，他给出了一个完全成熟的替代方案。那么接下来我们就逐一地分析一下。我们从《致马格纳斯·威德考普夫》开始，在这封信中，莱布尼茨的策略似乎承认上帝是罪的创造者，同时也试图去削弱那种给上帝的圣洁带来了有害的影响的结论。

[xxxi]　　在《致马格纳斯·威德考普夫》中，为了处理神圣意志与各种被创造出来的事态的出现的关系，莱布尼茨用到了三个原则。所谓的"被创造出来的事态"，我指的是那些如果上帝没有创造任何东西的话自身便不会出现的事态。

第一，如果上帝全知，那么对于所出现的任何一个被创造出来的事态 φ 来说，上帝会下达与 φ 的出现有关的谕旨。

第二，如果上帝全知，那么对于所出现的任何一个被创造出来的事态 φ 来说，上帝会下达命令 φ 出现的谕旨。

第三，如果上帝全能，那么对于任何一个可能的事态 φ 来说，只要上帝下达命令 φ 出现的谕旨，那么 φ 就会出现。

毫无疑问，就像在别处一样，莱布尼茨这里仍然肯定上帝既是全知的也是全能的。因此，莱布尼茨似乎早已准备得出这样的结论，即对于所出现的任何一个被创造出来的事态 φ 来说，上帝下达了命令 φ 出现的谕旨；因此，上帝凭借祂的全能成了 φ 出现的创造者。通过声称上帝从来都不是"只会一味地允许"，莱布尼茨强化了他的这个观点，即上帝的谕旨是"绝对的"。莱布尼茨这么说是想避免他的前辈们为了阻止第一原则变成第二原则所采取的做法。用适当的术语来讲，广泛认可的策略是这样的：确实，上帝对所出现的每一个被创造出来的事态都会下达谕旨，但在某些情况下，祂会下达允许的谕旨。那就是说，上帝有时候并不下达命令 φ 出现的谕旨，从而促使 φ 出现；确切地说，上帝有时候会下达**允许** φ 出现的谕旨，比如，当 φ 是某一被创造出来的行为主体自由行使自身意志的结果时。因为罪只有通过某个行为主体自由的意志行为才会发生，并且上帝不可能犯罪，所以这个策略在设计时考

21

虑到了罪：所出现的任何一个有罪的事态都是如此，尽管上帝下达了与它相关的谕旨，但也只是下达了允许它出现的谕旨，所以祂不会成为它出现的创造者——所以祂不会成为罪的创造者。

但莱布尼茨的论点，即所出现的任何一个事态都是因为上帝下达了命令它出现的谕旨，不会带来不可接受的神正论结论吗？莱布尼茨在他写信给威德考普夫时认为不会。我认为在他思想中有一个关键的要素，那就是他假定只有当事态 φ 出现了但最好的可能世界却没有出现时 φ 才是绝对恶的。莱布尼茨在《关于自由问题对话斯泰诺》中用到了绝对恶这个概念。同样明显的是，早在《致马格纳斯·威德考普夫》和《论上帝的全知全能与人的自由》时，莱布尼茨似乎就已经开始信奉这个观点了，即上帝创造了最好的可能世界。考虑到这一点，再加上他对"绝对恶"的解释，莱布尼茨很可能会得出这样的结论，而他也确实得出了这样的结论（参见 A II.i:118, the Letter to Wedderkopf），即所出现的任何事态都不是绝对恶的。

[xxxii]

那么我们是否可以从《致马格纳斯·威德考普夫》中提炼出罪的创造者这个问题所谓的解决方案？显然，这个方案是这样的：确实，对所出现的任何一个事态 φ 来说，上帝下达了命令 φ 出现的谕旨。那就是说，上帝通过运用祂的创造意志在因果上促成了 φ 的出现；创造意志与纯粹的允许意志之间的区别被回避了。所以，上帝是罪的创造者。不过，上帝的圣洁并没有因此受到玷污，因为尽管 φ 是有罪的，但不是绝对恶的。莱布尼茨在《致马格纳斯·威德考普夫》中并没有试图替他的这个假设辩护,即如果事态 φ 是有罪的,但不是绝对恶的,那么上帝就不应该因为促成了它的出现而在道德上受责备。莱布尼茨心里很可能已经有了"更善的"辩护方式:如果有某种事态 ψ,使得恶的事态 φ 与 ψ 都发生的价值高于两者都不发生,并且如果行为主体在没有使 φ 发生的前提下也不可能使 ψ 发生,那么行为主体就不应该因为允许(甚至实际上可以说,引起)φ 发生而在道德上受责备。

如果我对莱布尼茨的"绝对恶"这种表述的解释是正确的,那么我们就可以这样来解释莱布尼茨的策略。以实际上出现的任何一个有罪的事态 φ 为例。如果上帝不是 φ 出现的原因,那么祂也就不可能创造最好的可能世界。现在我们来看一下这种更善的辩护方式。对于所出现的每一个有罪的事态 φ 来说,为上帝辩解的更大的善是不变的,也就是说,ψ 都会把每一种情况下最好的可能世界作为价值。

通过指出阿奎那在《论真理》(参见 Deveritate Q 5, a. 5, ad 3)中用以解释上帝为什么允许罪的辩护似乎不能得出上帝在道德上协助罪这个结论,莱布尼茨很可能会进一步促进自己对更善的辩护方式的使用。阿奎那写道:"如果某种事物会带来更大的善,那么上帝就会更爱它。因此,祂意愿存在更大的善,而不是不存在较小的恶……因此,为了可以得到更大的善,祂甚至允许一些人坠入罪恶的深渊。"

无疑,阿奎那可能会回应说他的观点仍然优越于莱布尼茨的观点，因为它不会像莱布尼茨的观点那样得出这种不可接受的结论，即上帝是罪的原因。我们尸经知道莱布尼茨对此的反应：阿奎那所谓的优越性的基础"完全就是一种错觉"，"是过去耽于幻想的哲学的残留物""是永远不会使理性的人称心的托词"。

我们可以在《论上帝的全知全能与人的自由》第 18 节看到莱布尼茨对这种所谓的残留物的批判。莱布尼茨在第 19 节认真考察了经院哲学的另一个策略，而该策略的核心在于对受造物的自由选择做出了不相容论的、完全自由意志主义的解释。莱布尼茨经常把这种理论归咎于路易斯·德·莫利纳（Luis de Molina）及其老师佩德罗·达·丰塞卡（Pedro da Fonseca），他认为该理论理所当然地把人类当成了他们的自由选择的第一因。就像许多经院哲学家所讲的那样，他认为，这种理论与作为第一因的上帝的本性相悖。无论如何，关于自由选择的不相容论的、自由意志主义的解释看上去都与莱布尼茨在第 17 节所主张的严格的决定论不相容。莱布尼茨在第 18、19 节清理了那些他所谓的经院哲学的残骸之后，似乎准备在第 20 节给出他自己的解决办法。然而，整个第 20 节却只有寥寥几个字：

但我们……

手稿在这个地方中断了。人们可能认为《哲学家的告白》包含了它的结论。下面我们就来看一下。

24

莱布尼茨打算在《哲学家的告白》中就上帝与罪的关系给出一个总体的图景。在莱布尼茨对恶的问题的思考中，这一总体图景的某些方面从来都没有改变过。这个图景是这样的：一个最和谐的可能世界，即一个最好的可能世界，是存在的，但哪个可能世界是最和谐的，这并不受上帝意志的控制。然而，哪个可能世界出现，这却是受上帝意志的控制。幸运的是，由于上帝至高无上的智慧，祂选择了创造最和谐的世界；但不幸的是，如果那些罪不出现，最和谐的世界恰好也不可能出现；因此，上帝允许那些罪出现，尽管祂不是它们出现的创造者。祂不是罪的创造者，因为罪的最终来源是不受神控制的神的理智；罪的最终来源不是神的意志，至少某些有罪的行动是自由的，因此不受神的控制。《哲学家的告白》的主要研究计划是它试图把有些复杂的对神的因果作用的讨论包括进来，目的就是为了证明罪的最终来源不是神的意志而是神的理智。我们可能预料到了莱布尼茨在这一点上将运用某种更善的辩护方式——《致马格纳斯·威德考普夫》似乎把这种辩护当成了预设。但这并不是他所调用的核心策略。从他哲学成熟阶段完成的各种各样的文本来看，莱布尼茨认为，不能仅仅因为罪的出现是为了带来更大的善，我们就说行为主体在因果上促成了罪是合理的。[11] 接下来，我将仔细考察莱布尼茨在《哲学家的告白》中与罪的创造者这个问题斗争的各个方面。我并不打算就《哲学家的告白》的相关方面给出详细的、系统的解释，而是只想讲一讲任何适当的解释都需要解决的问题。[12]

[xxxiv]

　　假设 α 是所出现的任何一个有罪的事态。莱布尼茨在《哲学家的告白》中想要证明的是：

　　　　（1）上帝是 α 出现的最终根据。

　　　　和

　　　　（2）上帝不是 α 出现的创造者。

　　在《哲学家的告白》中，莱布尼茨似乎认为，上帝可用来促使事态出现的因果机制只有两种，它们分别是祂的理智和祂的意志。很明显，莱布尼茨认为这两种运作模式就是上帝全部的因果运作模式，但与此同时，他是否认为两者相互排斥，却不甚清楚。接下来，我们将进一步地讨论这一点。

　　为了证明（1），莱布尼茨需要表明上帝到底是通过祂的理智还是通过祂的意志成了 α 出现的原因的。然而，如果上帝通过祂的意志成了 α 出现的原因，那么按照莱布尼茨之前对"创造者"的定义，（2）就是错的。所以，莱布尼茨相信这两点：

　　　　（3）上帝通过祂的理智成了 α 出现的原因。

　　　　和

　　　　（4）上帝通过祂的意志不能成为 α 出现的原因。

　　而事实上，这也正是莱布尼茨在科学院版系列六第三卷第121页所宣称的观点："恶并不是起因于神的意志，而是起因于神的理智。"

当我们探究莱布尼茨这些主张是什么意思以及他如何支持这些主张时，情况变得复杂了起来。我们先考虑一下神通过理智成了某种事物的原因的说法。莱布尼茨很清楚，神的理智是必然真理的基础，因此某种意义上也是获得必然真理的原因，这是一个广泛认可的看法。**13** 事实上，莱布尼茨在许多段落中都强调了这一点。此外，初读莱布尼茨在科学院版系列六第三卷第 121—122 页所说的话时可能会让人想到这一点，即他在《哲学家的告白》中对这个学说坚信不疑。我们会因此认为莱布尼茨持这种观点：

（5）当且仅当上帝通过祂的理智成了 α 出现的原因时，如果上帝存在，那么 α 必然出现。

但正如前面那一部分所讲的那样，我们必须牢记这一点，[xxxv]
那就是《哲学家的告白》的基本要旨似乎证明莱布尼茨持这样一种观点：

（6）对所出现的任何一个事态 α 来说，如果上帝存在，那么 α 必然出现。

把（5）和（6）结合在一起，我们得出了这样的结论，那就是莱布尼茨在《哲学家的告白》中坚信这样一个论点，即神的理智是所出现的一切事态之所以出现的原因。因为莱布尼茨显然认为，神的意志是某些事态之所以出现的原因，所以我们会得出这样的结论，那就是莱布尼茨并不认为神的两种因果作用模式相互排斥。就其本身而言,这种结果没有出现什么麻烦。但是，当我们仔细考虑莱布尼茨在科学院版系列六第三卷第 121—122 页讨论神通过祂的理智成了某种事物的原因所使用的例子时，麻烦隐约出现了。如果我们还记得形而上模态与本质模态之间的区别，那么我们可能就会倾向于认为（5）应该改为：

> （7）当且仅当上帝通过祂的理智成了 α 出现的原因时，α 本质上必然出现。

因为莱布尼茨认为，某些事态出现了，但它们并不是本质上必然出现，所以（5）和（7）不可能都正确。毫无疑问，莱布尼茨在科学院版系列六第三卷第 127—128 页所讨论的要点就是为了避免承认这个论点，即罪本质上必然出现。所以，（5）和（7）之间的区别对我们试图理解莱布尼茨在《哲学家的告白》中就罪的创造者问题提出的解决办法来说很重要。如果我们假定莱布尼茨在《哲学家的告白》中坚持的观点是（7）而不是（5），那么所出现的罪就是一个很严重的问题。前面提到的神的两种因果作用模式并不互相排斥的假设就会带来这样的结论，即上帝是罪的创造者。因此，无论例子可能说明什么，我们最好是坚持（5）而忽略（7）。

我在试着去理解莱布尼茨的神通过祂的理智成了某种事物的原因的概念时遇到了一些问题。要理解他的神通过祂的意志成了某种事物的原因的概念同样也很困难。因此，莱布尼茨在科学院版系列六第三卷第 127 页所给的定义很有帮助。它对于理解莱布尼茨在那个是（being）某事态的创造者的行为主体与那个**意愿**（willing）支持该事态的行为主体之间所作的区分来说尤为重要。这种区分似乎与传统对前件意志和后件意志的区分——莱布尼茨不仅熟悉这种区分，还把它运用到了他成熟阶段的著作中——密切相关。在《神正论》第 23 节，莱布尼茨讲道，把所有因素都考虑在内，上帝先是意愿本质上善的东西，随后是意愿最善的东西。更具体而言，按照莱布尼茨的说法，把所有因素都考虑在内，行为主体先是意愿对行为主体来说看上去本质上善的东西，随后只是意愿对行为主体来说看上去最善的东西。因为对上帝来说，事物就是它们看上去的样子，所以在祂那里，我们可以不用去说事物看上去的样子。在《神正论》第 22 节，莱布尼茨讲道，只有后件意志满足这个规则，即"一个人只要有能力，他就永远不会不去做他意愿的事情"，前件意志不满足。因此，上帝先是意愿本质上善的一切可能事态，但有些却不会出现，尽管上帝有能力让一切可能的事态都出现。但是，按照莱布尼茨的说法，上帝随后不会意愿那些本质上善但却不包括在最善的可能世界之中的可能事态。请允许我们把这个适用于后件意志而不是前件意志的原则称为"意愿—能够—做的原则"（the will/can/do principle）。在《神正论》第 158 节，莱布尼茨近乎肯定了后件意志的这一闭合原则，即如果行为主体意愿 α 出现，而 α 的出现必然会带来β 的出现，那么行为主体也意愿 β 出现。如果我们把这个主

[xxxvi]

张——即行为主体知道 α 的出现必然会带来 β 的出现——放入它的前件之中，也许这个闭合原则更为可信。因为我们主要关心的是神的意志，所以这个附加条件就不多讲了。很明显，这个闭合原则不适用于前件意志。尽管有某一事态 β，它是某一复杂的事态 α 的组成部分，并且人们发现 β 本质上是恶的，但是人们可能会发现 α 作为整体本质上是善的。

《哲学家的告白》中所使用的意愿支持某种事物的概念与《神正论》中所使用的前件意志概念不同。但是，在某些重要的方面，它们却很相似，比如，适用于后件意志的"意愿—能够—做的原则"对它们两者来说不适用，同样，对后件意志来说貌似合理的闭合原则对它们两者来说也不适用。在科学院版系列六第三卷第 130 页，莱布尼茨认为，就从上述用来证明前件意志不满足闭合原则的那种考虑来看，意愿支持某种事物并不满足闭合原则。

记住莱布尼茨在《哲学家的告白》的一些重要段落中对前件意志与后件意志所作的区分，比如，"假如我们认为某种事物是善的，那么我们不可能不意愿它；假如我们意愿它，同时，我们知道外在的辅助条件触手可得，那么我们不可能不行动"（A VI.iii:133），这很重要。前半部分的主张——即如果我们认为某种事物是善的，那么我们就会意愿支持它——完全适合前件意志。但后半部分的主张——即如果我们意愿支持某种事物，同时我们也有必需的力量，那么我们就会采取行动——近似于后件意志满足但前件意志不满足的"意愿—能够—做的原则"。但在任何情况下，我们都要警惕莱布尼茨在使用"意愿支持"时有可能表现出来的系统的歧义性——其中一种用法符合他在科学院版系列六第三卷第 127 页的定义，另一种用法不符合该定义，而是与他成熟阶段的后件意志概念近似。尤其是，因为我们关注的是罪的创造者的问题，所以我们必须注意莱布尼茨在将"是某种事物的创造者"定义为"通过自身意志成了某种事物的原因"时所使用的意志概念。毫无疑问，在《哲学家的告白》中，莱布尼茨的大量推理表明相关的意志概念类似于前件意志概念。因此，我们可以把这种相关的等效性表述为：当且仅当某行为主体是 α 出现的创造者时，该行为主体（在某种程度上）就是 α 出现的原因，该行为主体就会意愿支持 α 出现，也就是说，该行为主体就会以 α 的出现为乐。因此，我们可以将莱布尼茨的断言——即上帝是罪的最终根据，但不是它的创造者——表述为：上帝（根据推测，通过祂的理智）成了所出现的一切罪之所以出现的原因，但上帝并不认为它本质上是善的，也就是说，上帝并不以它的出现为乐。

注意，如果我们以这种方式理解"创造者"，那么我们就不能将其等同于后件意志，因为闭合原则看上去适用于后者，但不适用于前者。这有可能使莱布尼茨高兴。他会因此认为，上帝是整个事物序列的创造者，但不是序列各个要素的创造者，也就是说，不是有罪的部分的创造者。但是，这是一个非常缺乏说服力的"创造者"概念，特别是考虑到它构成原因的部分。

这种解释似乎不值得哲学家在科学院版系列六第三卷第121 页宣称，他设计了一种解释，它在很大程度上澄清了经院哲学家在这个话题上应该提出些什么样的主张。莱布尼茨在成熟阶段对罪的创造者问题的讨论中清楚地指出，只是表明上帝不以罪为乐，这不足以说明问题；同样有必要表明，无论祂对那些罪有什么偏好，祂对所出现的有罪的事态的因果作用并不会玷污祂的圣洁。在后来的作品中，莱布尼茨提出了他自己的失范理论。在《论自由、命运与上帝的恩典》（A VI.iv:1595–1612）这篇重要文章中，莱布尼茨又一次提到了失范理论。他写道，"说上帝协助罪的质料，但不协助罪的形式，因为它形式的方面是一种缺乏或失范，这似乎是一种幻觉。但人们应该知道，这个回答比它乍看起来要牢固得多，因为任何缺乏即不完满，而不完满即有限"（第 1605 页）。

[xxxviii]
这段话将莱布尼茨在《神正论》中所提出的最终解决方案的概念工具用到了罪的创造者问题上。粗略地讲，它的基本思想是，每一个被创造出来的存在物都是完满与有限的结合。被创造出来的存在物的有限性是其不完满的根源，如果它是一个理性但却有罪的被创造出来的存在物，那么它的有限性最终也是其罪的根源。存在于被创造出来的存在物之中的有限性的最终根源来自于神的理智之中的可能个体，不受神的意志的控制。在《神正论》中，莱布尼茨将这个框架与被创造出来的行为主体和上帝相互协助创造受造物的行动的理论结合了起来。所以，这个理论得出结论说罪的因果责任完全落在被创造出来

的行为主体身上，也就不足为怪了。除了对协助的解释之外，我们在《哲学家的告白》中可以看到这个理论的所有要素。但是，从上下文来看，对协助的解释并非无足轻重，事实上，它离问题的核心很近。

5. 自由、个体化以及悲哀的被诅咒者

在科学院版系列六第三卷第 136 页，神学家用这些话将他们关于选择的原因及其与选择的自由的关系的冗长讨论带到了神正论的标题下："不经意间，我们已经来到了最困难的地方。如果运气在这里没有抛弃你，你将无往而不胜。因为无论我们用哪一种诡辩，这个无情的困难都摆在我们面前：有没有表面上公正地对待悲哀的被诅咒者——他们以这样一种方式出生，以这样一种方式被抛入了世界，遇到了这样一种时代、人、场合，他们不得不走向灭亡。"我们可以把神学家所阐释的这个普遍的困难表述为：受造物的救赎或诅咒所依赖的自身的选择不受其救赎或诅咒正处在紧要关头的受造物的控制。因此，从根本上讲，上帝对祂以救赎来奖赏或以诅咒来惩罚的受造物的行为完全负责。谁会觉得这样子很公平？

这个普遍的困难在《哲学家的告白》中有各种各样的更具体的形式。从科学院版系列六第三卷第 134—136 页，神学家想要证实的是，莱布尼茨僵化的因果决定论——它最终的一个结论是上帝从因果上讲对所发生的一切负责——与受造物的自

由相抵触，因此，它与分配救赎与诅咒的公正性也相抵触。在科学院版系列六第三卷第 146 页，神学家指出，因为将灵魂分配给身体决定了那个灵魂的命运也就被封死了，再就是，因为这种分配不受灵魂的控制，所以分配救赎与诅咒的公正性再次受到了质疑。

[xxxix] 　　莱布尼茨打算通过抨击他所看到的主要的替代方案——即自由意志主义的解释，他将其与莫利纳联系了起来——来应对有关选择自由的挑战。他主要反对的就是莫利纳的自由意志主义，他认为它与充足理由原则相抵触。科学院版系列六第三卷第 133 页概括了他在《哲学家的告白》中对自由的解释："不管是谁，他越是自发，他的行动就越是出自他的本性，也就越难以被外在事物改变，而他越是自由，他的选择能力就越强，也就是说，他也就越能以纯洁、平静的心灵理解诸多事物。"

　　我们有必要拿《哲学家的告白》中对自由的解释与他成熟时期的解释做个比较，在《神正论》第 288 节，他讲道："自由，正如各个神学派别所规定的那样，在于**理智**，它包含了一种关于深思熟虑的对象的明确的知识；在于**自发性**，我们借此来决定自己；还在于**偶然性**，也就是说，在于排除逻辑的或形而上的必然性。"需要注意的是，我们在《哲学家的告白》中没有看到与偶然性的必要条件——即在《神正论》的这段话中提到的三个必要条件中的最后一个必要条件——相似的东西。因此，在《哲学家的告白》中，莱布尼茨认为，即使偶然性的必要条件得不到满足，惩罚与奖赏也是正当的，这也就不足为奇了。就这一点，莱布尼茨在《哲学家的告白》（科学院版系列六第三卷第138页）中言辞强硬地给出了他的结论："在每一次涉及施加惩罚的审判中，只要我们相信有一种为大家所公认的深思熟虑的、邪恶的意志就足够了，不必在意它来自何处。"

值得一提的是，莱布尼茨甚至是在《神正论》——在这里，充分的自由需要偶然性——中也认为，即使没有充分的自由，奖赏和惩罚也是正当的。我们一起看一下《神正论》第67节的这段话，"不管人们设想自愿的行动中存在有什么样的依赖性，即使存在有一种绝对的和数学的必然性（实际上并没有），那也仍旧得不出结论说，我们将没有那么多的必要的自由来确保奖惩公正合理"。它表明，莱布尼茨自始至终都坚定地支持这个观点，即行动的自愿性足以使其受到正当的惩罚或奖赏，因为行动的本性决定了这一点，因此不需要充分的自由。

神学家所提出的困难的第二种形式（与将灵魂分配给身体有关）使人们注意到了一种与个体化——莱布尼茨在他的一生中用到了各种形式的个体化——有关的神正论的做法。假设是因为我所处的环境，以及神在本可以给我抵制诱惑的力量的时刻却没有赐予我战胜诱惑的恩典，我开始滑向了堕落，并最终使自己受到了诅咒，那么对我来说，即便如此，它终究还是最好的可能世界吗？假设有些人被赐予了相应的恩典以及随之而来的力量，并最终得到了救赎，但他们却并不比我更应该得到恩典，那么我难道不能合情合理地抱怨神对我不公平吗？莱布尼茨终生不渝的回答是不能，你不能。对于这个回答，或许， [xl]

我们可以在他一篇完成于 1689 年或 1690 年的文章中看到他基于对个体化的考虑而给出的最令人惊讶的理由。考虑到如上所述的情况，他写道："你会坚持认为，你可以抱怨说，为什么上帝没有赋予你更多的力量？我的答复是，如果祂真的这么做了，那么你将不存在，因为那样的话，祂将创造其他的受造物，而不是你"（A VI.iv:1639; cf. DM 30）。

我们可以把莱布尼茨所依靠的理论表述为：

对任一个体 x 与属性 f 来说，如果 x 拥有 f，那么对任一 y 来说，如果 y 缺少 f，那么 y 就不是 x。

这无疑是莱布尼茨成熟时期的形而上学中最引人注目的论点之一。乍一看，莱布尼茨似乎在《哲学家的告白》中就已经有了同样的论点，正如他在科学院版系列六第三卷第 148 页这样写道，"我避开了那些因上帝在亚当和夏娃第一次犯罪时没有立刻把他们从世界上除掉（以防他们的污点传给他们的子孙后代）……而愤怒的那些人的争论。因为我注意到了这样一个事实，即如果上帝这么做了……他们本身也就不存在了"。毫无疑问，这是一种神正论的观点。但是，考虑到这个假设，即所有人（除了亚当和夏娃之外）都是亚当和夏娃的后代，那么即使是运用实质上比这段话所依靠的理论更不牢固因此也更似是而非的前提，我们也可以得出莱布尼茨这段引文中的结论。

也许当我们把注意力转向莱布尼茨关于那些所谓的由于将灵魂分配给身体所引起的困难的讨论时，我们会发现在那段引文中有一些更接近于原则的东西在起作用。在科学院版系列六第三卷第 148 页，莱布尼茨写道："问为什么这一个而不是另一个灵魂从一开始就受制于这些时空环境（生、死、救赎或诅咒的整个序列就来源于此）……就是问为什么这一个灵魂是这一个灵魂。设想一下，另一个灵魂就像这一个灵魂那样一开始就存在于同一时空下的相同的**这一个**身体（也就是说，处在同一时空的身体），那么你所谓的另一个灵魂将不是另一个，而是**这一个**。"

这段话中所展示的推理并不要求充分地运用原则，但它却 [xli] 朝着这个方向前进。无论如何，莱布尼茨主张——"因为，除非事物的序列是其所是，否则上帝和一切蒙福之人不只是得不到祝福，甚至有可能都不存在"（A VI.iii:145）——的背后似乎隐藏着成熟的理论。同样值得一提的是，在这个文本中，莱布尼茨的推理有很多不寻常的特征（我在《哲学家的告白》的注释 107—113 中讨论了这些不寻常的特征）。

在这个引言中，我集中讨论了莱布尼茨这些早期神正论成果的一些比较显著的特征。这些作品还有很多其他值得注意的方面。这其中很多都与莱布尼茨试图去解决或化解他的反对者可能很自然地就会从这些文本明显提倡的严格决定论——这种决定论似乎会得出这样的结论，即所出现的每一个偶然事态都是上帝意志的逻辑后果或因果后果——中引申出来的问题密切相关。在《哲学家的告白》中，莱布尼茨以令人耳目一新的坦率陈述了反对意见，并且以同样的方式对它们做了答复。这其中有些讨论不亚于我们在莱布尼茨著作中所看到的关于这些主题的讨论，也就是说，它们并不亚于我们在其他任何地方所看到的关于这些主题的讨论。**14**

哲学家的告白——论恶的，1671—1678

1. 致马格纳斯·威德考普夫 [1]　AII.i

1671 年

命运即是上帝的谕旨，或事件的必然性。命中注定的意思就是必然会发生。[2] 上帝要么不对万物下达谕旨，或者，如果祂下达谕旨，那么祂绝对就是万物的创造者。但这两种情况都有困难。因为，如果上帝对万物下达谕旨但事态却与祂的谕旨相抵触的话，祂就不是全能的。可是，如果祂不对万物下达谕旨，祂似乎就不是全知的。因为全知的存在似乎不可能对某一事物悬置判断。我们经常悬置判断，那是因为我们无知。正因为如此，所以我们决不能认为上帝只会一味地允许。真实的情

---

*　方括号"[　]"内为英译本页码，鱼尾号"【　】"内为我们选录的原文的页码。

况是，上帝的任何一个谕旨实际上都是绝对的。我们之所以悬置判断是因为条件与选择，是因为我们无法充分地了解情况。**3**但这个结论是不是太过令人不快了？这一点我承认。然后呢？我们可以考虑一下本丢·彼拉多（Pontius Pilate），他受到了诅咒。他为什么受到了诅咒？是因为他没有信仰。他为什么没有信仰？是因为他没有留心注意的意愿。他为什么没有？是因为他不理解事情的必然性（留心注意的好处）。他为什么不理解？是因为没有促成他理解的原因。**4**因为万物都必须归结为某个理由，这个理由又要归结为另一个理由，直至它最初的理由，这个过程才算结束，否则，我们就必须承认，某物在没有存在的理由的情况下也可以存在；但如果承认了这一点，那么关于上帝存在及其他许多哲学定理的证明都将被摧毁。**5**因此，神的意志的最终基础是什么呢？是神的理智。**6**因为上帝意愿的事物是祂所知道的最好的事物，也是最和谐的事物；也可以说，祂从无限的可能中把它们挑选了出来。因此，神的理智的最终根据是什么？是事物的和谐。那么事物的和谐有没有最终根据呢？没有。比如说，2∶4=4∶8，这个事实就没有任何理由，它甚至并不来源于神的意志。这取决于本质本身，也即是说，事物的理念。因为事物的本质就像是数字，它们包含着存在物的可能性，而这些可能性就像上帝的存在那样，并不是祂带来的，确切地说，因为它们——或事物的理念——与上帝本身相一致。然而，由于上帝是最完满的心灵，祂不可能不受最完满的和谐的影响，因此，祂必须通过事物的理想

状态来创造最好的事物。但这无损于自由。**7** 因为，出于正
当的理由而被迫做到最好，这是自由的最高形式；只有傻瓜
才渴望另一种自由。由此可见，已发生的，正在发生的，或 [5]
将要发生的都是最好的，因此也是必然的。然而，就像我所
说的那样，这必然无损于自由，因为这无损于意志，也无损
于对理性的运用。任何人都无法意愿自己可能会意愿什么，
尽管有时候可以做自身意愿的事。**8** 其实，任何人都不想拥
有这种意愿自身可能会意愿什么的自由，人们想拥有的是意
愿最好的事物的自由。因此，我们为什么把我们自己不想要
的强加给上帝呢？由此可见，不依赖于美好事物的绝对意志 【118】
完全是一种荒谬的东西。恰恰相反，全知的存在根本就没有
允许的意志，上帝只是遵从事物的理想状态，即事物的最佳
状态。因此，任何东西都不能被认为是绝对恶的，否则，要
么就是上帝没有可以理解它的至高无上的智慧，要么就是上
帝没有可以消除它的至高无上的力量。**9** 毫无疑问，这是奥
古斯丁的观点。罪是恶的，但不是绝对恶的，它们与整个世
界无关，与上帝无关（否则上帝是不会允许它们的），而是
与有罪者有关。上帝痛恨罪，这并不是说祂就像我们看不惯
我们厌恶的东西那样看不惯罪（要是那样的话，祂可以消除
它们），而是说祂要惩罚它们。如果把惩罚与赎罪放在一起，
我们就会看到，罪是善的，也是和谐的。因为，除非有对
立，否则和谐根本就不存在。我只想把这些言论讲给你听，
不希望把它们公之于众。因为即使是最适当的言论也不能被

所有人理解。①

2. 论上帝的全知全能与人的自由 ¹ A VI.i

[1670—1671 年?]

【537】 （§1）在所有令人类困惑的问题当中，任何一个问题都比不上这个充满争议的焦点问题更能点燃人们的激情，更能引起人们反复的讨论，受到更加危险、更加残酷的压制，而它就是，"如果有一个全知全能的主宰一切的上帝，那么人的自由意志、惩罚与奖赏何以可能存在"。

（§2）尽管第一个问题对所有人、所有信仰来说都有可能出现，但是，"神的预定何以可能与虔信者眼下的痛苦和恶毒者的好运气结合在一起"，这个问题却很少引起公众的关注，
[7] 尽管私下里有讨论，其原因是，那些敌视上帝预定的人一直以来都被禁止过多地抛头露面。

（§3）但是，人们一旦默认并接纳了这种观点，即今生的馈赠予财物明显地分配不公并不能取消全知的统治者，而在来世所有这些烦恼将以真正完全和谐的方式——就像按照音乐规则一样——得到相应的惩罚与奖赏的补偿，他们紧接着又会出现另一个疑问：如果事实是这个全知的世界统治者通过对馈赠进行绝妙的分配，给一个人带来了惩罚，给另一个人带来了奖

---

① 莱布尼茨后来写到：我后来纠正了我的这些言论，因为对罪而言，绝对无误地发生是一回事，必然发生是另一回事。

赏，或如基督徒所说的那样，救赎和惩罚，人们都只能遵从，那么这样的惩罚和奖赏何以可能保持公平和没有偏见。**2**

（§4）正是在这里，人们有了主要的分歧；相比彗星、地震、瘟疫，它给人们带来了更大的灾难。正是在这里，怠惰找到了遮羞布，邪恶找到了掩饰物，而上帝本身无疑成了它们的幌子。尽管如此，异教徒却相对有节制，他们尽可能地把这样的问题限制在了学校里，限制在了哲学讲堂上；与此同时，土耳其人为了自身的利益利用了这根假想的不可避免的必然性链条，诱使他们的军队以盲目的勇气投入到了战斗当中。只有我们基督徒既没有阻断这股激流，也没有在它呼啸而出时利用它，相反，因为我们平常的坏习惯，即我们总是喜欢把所有的经院哲学问题都带入布道坛，必须使人们了解它们，所以我们唤醒了如此多的教派，以致我们在这一点上罕见地达成了一致，即上帝的预定与选拔起不到任何作用。**3**

（§5）摩尼教徒的两条原则逐渐占据了主导：无与有，即柏拉图和基督教混合在一起的黑暗与光明。这可以用两束相交构成对角的光线来图示，也可以解释成奥利金（Origen）对魔鬼、被诅咒者的怜悯，伯拉纠主义者的傲慢，半伯拉纠主义者的诡计，马西里亚派的任性，经院哲学家辩解的理由，最后还可以解释成世界上令人兴奋的那些时兴的最新的原因——毫无疑问，其中当然包括命运、预定、意志的自由与奴役状态、必然性、可抗拒与不可抗拒的恩典、在前的恩典（prevenient Grace）与在后的恩典（subsequent Grace）、上帝的援助、中间

【538】

43

知识、上帝与受造物相互协助、不朽的谕旨、前件意志与后件意志、绝对的意志与假设的意志、堕落前拣选（Supra-Lapsarians）与堕落后拣选（Infra-Lapsarians）以及其他所有以搞乱一切为目的、看上去似乎会促使血腥的旗帜出现的标签。**4**

[9]　　（§6）我再说一遍，这样的标签搞乱了一切，它们的滥用及其意义无数次的变动把基督教带入了无尽的迷宫，人们在解读这些词语时毫无羞耻和怜悯之心，所有人的观点彼此都是相左的——总而言之，没有人理解或想去理解其他人。因此，我们随处都可以注意到人们总是把科学中所有的含糊不清归咎于哲学家捏造或做特殊使用的名称，即他们所谓的术语。这样一来，最终，也就只有一种方式可以摆脱这个问题了，那就是不用这样的词，因为这只会徒增争论，使精神痛苦，重新引发旧时的争吵，引起难以数计、令人尴尬而又不可思议的分歧，人们必须使用最简单、最常见、最清晰的表述，甚至是最贫穷的农民在被强迫就某话题给出自己观点时也会使用的表述，同时，人们必须确定以这种方式是否可以说某种东西足以解释这个问题同时又不会遭到任何人的反驳。德语最便于实现该目的，因为它有大量的可用于日常生活中有用的事物以及可见的、可理解的事物的有意义的术语；当被用于所谓的哲学怪物时，它只能显得很虚假——它遭到了亵渎。相比之下，拉丁语早已失去了贞操，而她的女儿们，即意大利语和法语，却愿意继承这位母亲身上的缺点。如果这个方案能够深入人心，令那些讲道理、讲公平的人感到满意，那么如上帝愿意，人们也许

就有可能利用该方法进行更多的试验。**5**

（§7）对这个问题进行推究时，出现了两个主要的诡辩或欺骗性的结论：一个支持有罪者，另一个反对上帝；一个反对忏悔和避免将来的罪恶，另一个反对惩罚过去的罪恶；一个以预知为根据，另一个以预定为根据；一个来自上帝的认识和全知，另一个来自上帝的意志和全能。第一个诡辩是这样的：上帝预见到了将来所有的状况，预见到了我将得到救赎还是受到诅咒；在这两种状况中，必定有一种状况为真，也就是说，被祂预见到。如果祂预见到了一种状况，那也就没有任何其他的可能了——这种状况必定发生；如果它必定发生，那么无论我做什么，它都会发生。**6**

【539】

（§8）所有这一切都可以容忍，除了最后一条，即"无论我做什么"。更确切地说，如果你肯定会受到诅咒，那么你先前肯定是犯了罪并且不知忏悔。不过，为了避免产生误解，我想将其变成一个三段论。

    （a）凡是上帝预见到的，它必定发生或不可能不发生。 [11]

    （b）上帝预见到了我将受到诅咒（得到救赎）。

    （c）因此，我必定或不可能不受到诅咒（得到救赎）。

更进一步讲，

（a）凡是必定发生或不可能不发生的，它就是不可避免的，或无论人们做什么都会发生的。

（b）我必定或不可能不受到诅咒（得到救赎）。

（c）因此，我受到诅咒（得到救赎）就是不可避免的，或无论我做什么都会受到诅咒（得到救赎）。

（§9）这个诡辩建立在所有国家和语言中普遍存在的模棱两可的基础上，而这种两可就起因于"必定""只能"等极其普通而又看似清晰的术语。因此，这种骗术不会轻易地使理智的人感到不安，但它有可能使单纯的人感到困惑。换句话说，"它必定"是什么意思？请给我解释一下你结论中的这个词，然后我会听到这样的答案，那就是，"它必定"的意思是"它不可能不"或"它只能"。那么"可能性"或"可能"又是什么意思？我们人类是如何理解这些词的；它们肯定意味着什么。有人可能会回答说，这个我无从知晓，就像我不知道热或冷意味着什么一样。但是，抱歉，我的好朋友，那不一样。你感觉到火是热的，你要想证明这一点，你只需要让某人离火近一些，让他也能感觉到热。但如果你想证明既非现在也非过去的某件事可能或不可能，你就不能使用感觉了，而只能通过与感觉不同的推理了。现在，如果"可能性"或"可能"可以通过推理来证明，那么它也应该是可解释的。因为任何不建立在知觉或经验基础上的证明，或更确切地说，任何启发那些甚至缺乏通过推理来处理问题的经验的人的证明，都需要一个关于人们想去证明什么的解释，或需要一个关于人们想如何去证明它的解释，或两者兼而有之。至此可以确认，一个事物的可能性并不需要任何解释，比如，数字 3；但在这种情况下，可能性本身却必须加以解释，而就其本身而言，它也能够得到解释。**7**

（§10）就像问"什么是真理"一样，问"什么是可能性"听起来有些异想天开。然而，如果你希望经院哲学家就他们所谓的"可能性的本源"或可能性的根源与内在本质给出答复，那么你就会听到这样一些异想天开而又令人迷惑的东西，以致他们闭嘴时你都想感谢上帝。

但是，上帝啊，如果人们想证明某件事是可能的或不可能的，他们到底会采取什么方式呢？如果我们考察一下他们的行为，或更具体地考察一下他们所说和所想的，我们会发现，无论是现在还是过去，他们会不时地提供一个过去或现在的例子，然后问题就解决了。因为过去发生的还可能会发生。但由于缺少类似的例子，他们偶尔也需要其他的策略；对此，他们也就只能使用那些似乎只有一点甚至更少可能的、然而真的发生过、因此还有可能会发生的例子了。以这种方式，他们使用不可能性，目的只是为了证明可能性，就像人们有时乐意去说的那样，"它会一直有可能，直到有人能够证明它的不可能性"。那么，人们是如何证明不可能性的？只要留意人们所想和所说的，你就会找到答案。换句话说，他们关心的是解释其可能性尚不确定的某件事。如果某种错综复杂的事情现在可以

【540】

[13]

47

得到清楚的解释了，也可以想象了，那么人们就会认为它是可能的；如果人们遇到的是某种本身令人困惑而又自相矛盾的事情，那么人们就会认为它是不可能的；如果人们遇到的是一个使其踌躇莫决、找不到一个简单解释的事情，那么人们就会不作表态，而相信它与否主要看这话是谁说的。因此，某件事是可能的，就是说，它本身能够得到清晰的解释，并且不会产生混淆和矛盾。

（§11）现在我想把这样一种关于可能性的解释应用到我们的三段论当中。第一个前提这样说道："凡是上帝预见到的，它必定发生或不可能不发生。"如果我们现在用关于可能性的解释替换可能性，那么第一个前提就会变成这样的："凡是上帝预见到的，我无法想象它不发生，也就是说，即使我想，我也无法想象它不发生。"但从该表述来看，这是一个假命题。如果我愿意，我可以想象不是我而是其他人受到诅咒或得到救赎；事实上，如果我愿意，我可以想象，既没有天堂也没有地狱，这也是可能的，因为如果上帝愿意的话，祂可以废止它们。因此，尽管这种说法为真，即凡是上帝预见到的都会发生，但我们却不能说，凡是上帝预见到的都必定发生。因为说上帝预见到了它，就好比是说，上帝认为（think）它会发生；现在因为他的想法（thoughts）是真实的，所以它会发生。因此，"凡是上帝预见到的都必定发生"从本质上说就是"凡是上帝认为会发生的都会发生"。但因为上帝是诚实的，所以就像凡是已经发生了的都已经发生了一样，凡是会发生的都会发

[15]

48

生。因此，没必要把上帝置于这个三段论中。人们原本就可以
直接得出这样结论：就像凡是已经发生了的必定真的都已经发
生了一样，凡是会发生的都必然会发生，或必定发生。你会
说，"难道不是这样吗？"不是，除非人们在这里理解了他们通
常（为了简洁和避免重复）所忽略的东西，即这种诡辩、这种
模棱两可的话之所以在所有语言中普遍存在的真正原因：因为
所有的语言都会尽量地避免重复。因为如果我说，"凡是会发
生的事实上必定发生"，这就像是我说，"凡是会发生的，因为
它会发生，或不管它是否会发生，它都必定发生"，或者，如
果我以"**必定**"的定义来代替"**必定**"这个词，那么整个三段
论就会变成这样："凡是会发生的（或凡是上帝预见到的），人
们就无法想象它会发生（或被上帝预见到）还是不会发生。"

我会（被上帝预见到）受到诅咒（得到救赎）。

因此，就我受到诅咒（得到救赎）而言，人们无法想象它
会发生（被上帝预见到）还是不会发生。

以这种方式，第一个前提为真，但整个三段论却一无
所获。

放声大笑吧！难道这一希望把上帝或人——也就是说，天
意［Providenz］或自由意志——赶出世界的非同寻常的诡辩
带来了什么别的东西吗？那些经院哲学家整天忙着区分绝对的
必然性和假设的必然性，而我希望的是他们能够更细心地研究
这一诡辩的基础，找到这样一种普遍的欺骗的原因。

（§12）但是，如果人们想用不同的方式来解释可能性，

比如，更多地从人的角度而不是事情（dingen）的角度来理解它，那么我们就可以这么说了，即凡是人们必定无法完成的事情都是不可能的，凡是可能的（或者说，人们就可以做的）事情都会发生，前提是人们想去做这件事情，那么三段论就会变成这样：

（a）凡是会发生的（被上帝预见到的）（必定发生或者）不会无法完成，即使上帝不希望它发生。

（b）我会受到诅咒（得到救赎）。

（c）因此，我受到诅咒（得到救赎）不会无法完成，即使上帝不希望它发生。

[17]　　　因此，第一个前提显然是错误的；于是，人们就会想着这样去重复它或"重复啰唆地"理解它，即"凡是会发生的不会无法完成，即使上帝希望它在发生的过程中不该发生（尽管上帝不可能这样想，因为这太荒谬了）"**8**。以这种方式，第一个前提依然成立，但却得不出上述的结论。

（§13）因此，肯定会有一些单纯的人被这样的三段论所

【542】欺骗，任由别人说服自己离弃他们休耕的土地，他们未种植的树苗，以及他们未完成的工作，因为即使他们什么都不做，该发生的应该还是会发生。你们这些傻瓜，你们注定贫穷，同样也注定犯下这样的过失。确切地说，懒惰理性（λόγος ἀργός，就像大数学家所说的那样）给你带来了痛苦，就像占星学家的谨慎和预见（Vorhehrsehung）给他带了不幸一样，他曾预言

他的死与马有关，所以他为了避免这种未来，他不去街上走，但他却因为关自家大门时太过用力，一个青铜马掉在了他的头上，给他造成了致命的伤害。**9** 如果上帝已经预见到了结局，那么祂也就预见到了方式；如果祂知道我将得到救赎，那么祂也就知道我过着一种虔诚的生活；如果祂预见到了我将受到诅咒，那么祂也就预见到了我会去犯罪。因此，我不得不去犯罪吗？不，是你去犯罪和你会去犯罪，而不是你不得不去犯罪。这取决于你是否注定去犯罪。这是为什么？就此，我想向你解释一下，你要集中注意力。凡是取决于你的意志的就是取决于你。现在，如果你并不意愿去犯罪，那么你就不会去犯罪，因为罪只存在于意志当中；熟睡或醉酒的人不会去犯罪，因为他们这时没有意志。如果你意愿不去犯罪，那么你就不会注定去犯罪。关于你是否注定去犯罪的这种解释同样取决于你。因此，你不可以把犯罪归咎于预定（Versehen）或上帝，而是只能归咎于你自己或你的意志。**10**

（§13′）但这里我们迎来了最后也最难对付的冲击。你说，"为什么上帝不把我创造得更好些，为什么他不给我更温和的宪法、不一样的意志、更开明的理解力、更幸福的成长经历、更优越的机会、更明智的父母、更勤勉的老师——总之，更大的恩典？我现在的样子是，我必定是一个有罪者，必定该下地狱，必定陷入绝望，必定永远受谴责，永远受诅咒"。在这里，我并没有义务回答你；我只想说一点，那就是，你不想放弃你的罪，不想对你的救赎负责。惩罚归咎于邪恶的意志——不管它来自何处。**11** 否则，任何罪行都不会受到惩罚。意志向来有一个外在于有意志的主体的原因，但正是意志使我们成为了人类，成为了人——有罪者、神佑者或被诅咒者。

[19]　　（§14）虽然如此，上帝的智慧本身必定仍然能够得到辩护，尽管不是在你这个特殊情况下。**12** 因为穷人可能就是应该受到惩罚（因为他意愿去犯罪），但是上帝在一开始本来是可以让他永远不会意愿去犯罪，堕入罪恶，受到诅咒的。而我们又不能说，上帝只是一个旁观者（正如在其他情况下，我们可以料想的是，就算不是善良的、智慧的上帝，而只是理性的人，他也不会只是去观察其他人的痛苦，毋宁说，他不仅会把那个人从苦恼中解救出来，还会将其从无知中解救出来，甚至只要有可能，还会将其从邪恶、堕落的意志中解救出来），因【543】为上帝还赋予了人去犯罪的机会。一个愤怒而又充满仇恨的人发誓要杀了敌人，而正如《圣经》所说，上帝把敌人交到了那个人的手中，而这带来的是（因为万物永恒的秩序来源于上帝）那个人遇到了敌人，并随即勒死了他，而那个人也因此——对此，上帝肯定知道——陷入了绝望，坠入了地狱。难道这不就像是一个蛮横、举止粗鲁的小孩被看到四处乱窜，而一个观察者在这时打开了陷阱盖，这样孩子就掉了下去，摔断了脖子吗？难道这不是说，打开陷阱盖的人，尽管预见到了一切结果，但却想说他不是该事件的原因，因为他没有让小孩乱窜吗？或者，更确切地说，难道这不像是某个人给了他人一副药，因而使他变得胡言乱语、疯疯癫癫、摇摇晃晃、激情高

亢，也就是说，故意使他堕落，而他因此必定会变得充满恶意，甚至邪恶，但那个人却不想被当成是他人犯罪的原因吗？既然这样，那么事实不就是，上帝不仅观察到了我们在胡言乱语，而且还为此开路，并在我们的道路上创造了诱人的水果，目的就是使我们的幸福遭受毁灭吗？事实上，祂创造了我们，尤其是亚当与夏娃，所以自创世以来的整个事件链条就已确保了夏娃无力去抵制蛇，亚当也无力去抵制夏娃，而祂不仅听到而且也认可了他们的话，却让他们的子孙陷入了永劫不复，难道不是吗？相比我们本该是无罪的、清白的，但从出生那一刻开始，就沾染了外来的毒物，给我们造成了巨大的、永恒的破坏，而只有很少的人能够通过基于某种未知的偏见所得的不相称的恩典从这种痛苦和犯罪与毁灭的趋向中被拯救出来，那么如果在这次堕落之后，把亚当和夏娃就逐出世界，放入新的人类，不是更好吗？**13**

（§15）这都是些死结，亚历山大的剑也不能把它们解开；[21]
这里出现了另外一个主要的诡辩，我们可以通过下面这个三段论把它呈现出来：

（A）如果谁故意允许犯罪，为犯罪创造一切机会，使行为主体可以去犯罪，事实上也就是挑起行为主体自身的意志，使其想去犯罪（尽管他本来是可以阻止这次犯罪，也就是说，可以避免创造机会和挑起意志的），那么他就应该是罪的创造者。

（B）正如我们所看到的那样，上帝就做了这样的事。

（C）因此，他就应该是罪的创造者。**14**

这成了很多人幸福道路上的绊脚石；这个令人疑惑的问题给很多人带来了绝望，或使他们变得邪恶了起来，但它直到现在都没有得到解决，尽管如此之多可怜的灵魂需要解决那个问题。

（§16）上帝完全有能力去消除世界上所有的罪，但祂却没有这么去做，因此他想保留罪，这一点谁能否认？是的，他想保留罪。因为祂只有两种选择，要么就是认为保留它们会更好，要么就是认为它们不复存在会更好。没有第三种可能。如果祂认为罪不复存在更好，那么它们必定会不复存在，对全知的意志来说，祂所认为的就是最好的事物。智慧的本性就是使自身去意愿最好的事物，不管是谁，只要否认这一点，他也就误解了这些词的所有用法。**15** 因为如果好的事物是人们所意愿的（也就是说，如果人们理解了它的本性），就像亚里士多德也说过的那样，那么最好的事物就会取代其他一切别的事物而成为人们所意愿的，也就是说，如果人们认识到了它。因为全知的上帝认识到了最好的事物，那么结果肯定就是祂会意愿最好的事物。因为全知的上帝会意愿祂所认为的最好的事物，又因为作为全能的存在，祂可以做祂意愿去做的事，那么结果就是，罪必定不复存在，当然前提是祂认为这是最好的。但是，因为它们到如今还在世界上持续存在，该迹象表明，上帝认为这就是最好的，因此想让它们持续存在，想保留这个世界上的罪。

（§17）事实上，更重要的是，因为上帝是万物的最终本源，是它们为什么存在、它们为什么这样而不是那样存在的理由，所以显然可以得出这样的结论，即上帝本身创造和制造了世界上的罪。为什么我现在犯了罪，犯了谋杀罪？因为我意愿这么去做，也有能力这么去做。上帝赋予了我这么去做的能力；而环境赋予了我这么去做的意志，但事实上，上帝也创造了环境，以及可追溯至世界开端的整个因果链条。**16** 我意愿这么做是因为其他人（也许是无意地）伤害了我，我的脾气很暴躁，而且因为成长经历得到了强化，当然这也有可能是因为我在完全幸福和自由的环境下长大的，习惯了总是受关注和被奉承；这一切又有它的原因，我们可以推断出这个原因，前提是人的理性有能力朝着它的本源不断地溯流而上，最终至上帝本身所创造的、万物随之而来的世界的第一个条件。**17**

[23]

（§18）比起这个攻城槌，某些经院哲学家援引自圣教父的东西——因为没有什么其他更好的东西了——以及很多有识之士张开双臂牢牢抱住的东西都是站不住脚的，比如说，罪什么都不是，它意味着缺乏适当的完满，而上帝只是受造物和实际存在物的原因，而不是最初的不完满的原因。**18** 这就好像是说，某人是数字 3 的原因，但他却想否认自己是数字 3 的奇数性的原因；这就好像是说，他生了三个孩子，但要是有人说他生了三个孩子以致他们不能成双成对地散步，他会很生气。毫无疑问，为了原谅上帝，人们说了一些很蹩脚的话，让持相似观点的辩护律师都羞于站在公道的法官面前。照他们的话来说，一个糟糕的音乐家也只是小提琴运弓法和鼓声的原因，而不是所产生的不协和音的原因。换言之，谁能解决运弓法和鼓声没有节奏的问题？音乐家是否应该为此赎罪呢？确实，我不明白为什么他们把有罪者本身视为罪的原因；他实施了这个行为（正如上帝创造了一切，祂也创造了这个行为），但谁又能**【545】** 解决该行为与上帝的爱不和谐的问题呢？这种不完满或不协音是一种非存在，是一种否定性的东西，也就是说，在那里，没有他们所谓的协助或涌入发生。**19** 正是这些维护神的正义的可爱的律师与此同时免除了对一切有罪者的惩罚。不过令我惊讶的是，深邃的笛卡尔同样在这里铸成了大错。**20**

（§19）其他人则假借人类的自由意志之名试图破坏坚如磐石的连续的因果链条，并且从上帝那里移走祂的本性（祂是万物的第一因和最终因）来维护祂的正义。**21** 只要他们的思想没有被哲学家不自然的、难以理解的突发奇想扭曲和篡改，绝大多数的普通人还是都会坚持认为，当一个人可以做他所意愿的事情和意愿他所认为的善的事情时，他拥有充分自由的意志。但是，那些认为因果链条——他们无法从中解脱出来——[25] 恰好就来源于此（因为这种意志起因于显在的善，而后者又起因于作为其完美原因的结果的其他环境）的善良的人则竭尽脑汁地从他们的头脑中抹去这样一种自然的解释。他们在自己的门徒的帮助下还是实现了这个目标，现在他们认为自己为拯救神的正义做出了惊人壮举。因此，他们说，自由意志是理性受造物特定的能力，它可以毫无原因地意愿这个或那个。**22** 现在他们称之为"纯粹中立"（pure indifference），并给它起了很多令人惊奇的名字，封了很多头衔，赋予了很多特质，而且还貌似极其简单地就从它推导出了大量的不可思议的东西和哲学上的奇观。但由于因果链条被破坏了，所以他们不知道该如何解释上帝的全知，因为全知就建立在祂是第一因（正如他们所讲授的那样，祂是一个自给自足的存在者，万物都来源于祂）的基础上。比如，当亚比亚他（Abiathar）受神启示向大卫（David）预言说，如果扫罗（Saul）来攻打洗革拉（Ziklag），洗革拉的市民会把他交给围攻的扫罗，而哲学家们甚至都不知道自己要做些什么。**23** 换句话说，他们不知道怎么解释上帝为什么总是能够知道洗革拉的市民在某一时刻做什么，因为洗革拉的市民的自由意志是一种完全中立（indifferent）的东西，不受制于任何原因，所以上帝不可能看到任何祂可以由此确定无疑地知道他们的自由意志的天平会倒向哪一边的东西（即使祂极其精确地考虑到了人们习惯于依靠的一切条件，而且这通常是绝对可靠的）。但是，上帝必须怎么做才能在任何情况下都可以猜出这个秘密呢？祂借以知道自己所创造的一切的全能在这里帮不上忙，因为祂给了自由意志无拘无束的本性，而这对自由意志来说可不是什么无足轻重的东西，正如他们认为的那样，这是决断之所以可能的原因。因此，祂的无限与全在（omnipresence）——借此，将来的事物可以像现在的事物一样站在祂的面前——同样于事无补。因为这里的问题不是将来会发生什么，而是如果扫罗来了而大卫也留了下来——尽管扫

【546】

57

罗没有打来，大卫也没有留下来——会发生什么。此时此刻，丰塞卡与莫利纳，这两位有着无与伦比的头脑的西班牙人，及时救起了境况不佳的全知的上帝，并且向人类证明了上帝是如何通过某种知识——我相信，这就是所谓的天国的中间知识（scientia media）——认识到包括自由意志在内的所有这些事物的最终结果的。**24** 但是，并没有更多的东西被揭示出来：

> 其他的事，命运不准我赫勒努斯知道，而尤诺也不准我说。（Virgil, Aeneid III, 379–380）

[27]　　唉，人们真是瞎了眼！它居然被誉为精妙绝伦的、不可思议的发现，甚至是人类理解力的杰作，但人们最多也就是认识这几个字。它的困难在于如何按照我们的理解从神的属性，尤其是从最高贵的主要属性——也就是说，上帝作为万物的第一因的存在——推导出这种预知（vorwissen）。这并没有得到证明（事实上，如果上述关于自由意志的解释保留下来的话，这永远不可能得到证明，但如果自由意志把当前显在善的事物和环境当成其原因，那么毫无疑问，这就可以得到证明，因为那样的话，上帝就可以借由祂所创造的现状绝对无误地知道接下来将在洗革拉的市民的思想中出现的环境，这就像不得不用 4 乘以 8 再除以 2 然后得到 16 的数学家，他知道如果他以不同的方式安排数字，用 8 乘以 2 再除以 4，他随后会得到 4，唯一的区别是，上帝同时可以看到无数的可能的安排与结果，而数学家对每种可能都要花时间）。毋宁说，关于这些事物的知识——没有人就此提出质疑——只是被赋予了一个新的名称，

而那些反对它的人则被控告说他们似乎想去否定上帝的全知或人类的自由意志。

（§20）但我们……**25**

[布兰登·卢克译]

3. 哲学家的告白 **1**　　A Ⅵ.iii

[1672 年秋，或 1672—1673 年冬?]

哲学家的告白　　　　　　　　　　　　　　　　　**【116】**

神学家：近来，我们足够充分地讨论了心灵的不朽和世界存在一个主宰者的必然性。**2** 如果你能够继续以这种方式满足我，你将极大地减轻我的任务，减少我对你的指导。现在上帝的正义这个棘手的问题正在等着我们，**3** 因为没有什么比事物无序更频繁、更似是而非地被拿来反对天意的了。**4** 我请求你以正当的理由来准备这个话题，也可以说，打磨这个话题，以便当我把启示真理之光洒向它时，灵魂会被其所反射的更纯洁的光线所感动。**5**

哲学家：这样的状态令人愉悦，而且对我们双方都有好　　**[29]**
处。现在你就开始提问吧!

神学家：好，那我们就直接进入问题的核心吧! 你相信**上帝是正义的吗**?

哲学家：我相信，或者更确切地说，我知道。

神学家：你所谓的**上帝**到底是谁？

哲学家：一个全知全能的实体。**6**

神学家：什么是**正义**？

哲学家：**正义**就是爱每个人。**7**

神学家：什么是**爱**？

哲学家：爱就是为他人的幸福而**欢欣**。**8**

神学家：什么是**欢欣**？

哲学家：就是体验到了和谐。**9**

神学家：那么最后，**和谐**又是什么？

哲学家：多样性中有相似性，也就是说，差异性得到了同一性的补偿。**10**

神学家：如果我们接受了你的定义，那么看似必然的是，只要上帝是正义的，　就爱每个人。

哲学家：那当然。

神学家：但你知道很多人都否认这种观点。

哲学家：是有很多大人物都否认这种观点，但有时词义改变之后，同样是这些人就又会肯定这种观点。

神学家：或许我们可以稍后再回到这个问题上来，现在我想知道你的论据。**11**

哲学家：它就来源于我与你所认可的回答。上帝是全知的，难道这不是理所当然的吗？

神学家：那又怎样？

哲学家：因此，任何可想象但却永远不为祂所知的事物都是不和谐的。

神学家：当然。

哲学家：再者，**一切幸福都是和谐的或美的。**¹²

神学家：我同意。

哲学家：为了让其他人无法否认，我接下来要证明这一点。首先，我要说的是，只有心灵是幸福的。

神学家：确实，因为没有人是幸福的，除非他知道自己是幸福的。(你一定熟悉那个著名的诗句"身在福中不知福！")¹³只有心灵能意识到自身的状态，因此，**只有心灵是幸福的。**

哲学家：完美的结论。毫无疑问，幸福是最令心灵本身感到愉悦的心理状态，但只有和谐能够令心灵感到愉悦。

神学家：那确实，因为我们前面都一致认为只有体验到了 [31] 和谐才能感到欣欣。

哲学家：因此，幸福即最和谐的心理状态。心灵的本性是 【117】 思考，因此，心灵和谐即思考和谐，**心灵最大的和谐或幸福即心灵专注于普遍的和谐，也就是说，专注于上帝。**

神学家：太精彩了！因为这同时也表明心灵幸福与沉思上帝完全是一回事。¹⁴

哲学家：因此，我已经成功地完成了我的任务，证明了**一切幸福都是和谐的。**

神学家：现在该证明**上帝爱每个人**了。

哲学家：这并不难。如果一切幸福都是和谐的(正如所证明的那样)，而(按照**上帝**的定义)一切和谐皆为上帝所知，同时（按照**欢欣**的定义）对和谐的一切体验都令人感到欢欣，那么由此可以得出，一切幸福皆令上帝感到欢欣。所以（按照前面假设的**爱**的定义）上帝爱每个人，而相应地（按照**正义**的定义）**上帝是正义的**。

　　神学家：我只能说（确定无疑地说）你已经证明了这一点。毫无疑问，我认为任何人、甚至那些否认普遍恩典的人只要按照你使用那些词时不违背它们通常用法的意义来理解它们，那么他们是不会反驳你的说法的。**15**

　　哲学家：这就是我所说的可以从他们自己的观点中推演出来的东西。因为当他们宣称上帝只爱选民时，他们显然是想说，祂对某些人的爱更甚于对其他人的爱（因为这就是**选择**）；相应地，他们想说的是，既然不是每个人都能得到救赎（因为事物的普遍和谐，正是它通过阴影使一幅画显得更加美丽了，正是它通过不协和音使协和音变得更加鲜明了），**16** 所以某些缺少爱的人**被拒绝了**——**这**并不是因为上帝意愿如此（因为上帝并不意愿处死有罪者），而是因为当事物的本性需要时上帝允许如此。**17** 因此，当有人说上帝爱某些人恨其他人时，他们的意思是，祂不那么爱其他人，而相应地，既然祂不能选择每个人，所以祂就拒绝了其他人。不过，正如较少的善有时表现出恶的特征，所以在两种爱并列摆放在那里的情况下，较少的爱也可以说就会表现出仇恨的特征，尽管这么说不太合适。不过，为什么上帝爱某些人而不是其他人，我们在这里还不能下定论。**18**

神学家：但是，尤其是从这一点上，问题又出现了，而你必须同样成功地解决它们。

哲学家：都有哪些困难？ [33]

神学家：那我就先说一下一些主要的困难。**19** 如果上帝为每个人的幸福而欢欣，那么祂为什么不让每个人都幸福呢？如果祂爱每个人，那么祂怎么还诅咒那么多人呢？如果祂是正义的，那么祂怎么表现得如此**不公平**，祂为什么要用**各方面均相同**的物质、相同的黏土捏成不同的器皿，让有的器皿盛放荣耀，让另外的器皿盛放耻辱呢？**20** 如果祂知道罪（尽管祂有能力把它从世界上清除掉），但祂却仍然承认它或容忍它，那么祂怎会不是**罪的推动者**呢？事实上，如果祂创造了万物，罪也随之而来，那么祂怎会不是**罪的创造者**呢？如果假定了罪是必然的，那么**自由选择**又有什么意义；如果自由选择被剥夺了，那么**惩罚的正义**从何谈起呢？如果**恩典**只惠及某些人而不是其他人，那么奖赏的正义又从何谈起呢？最后，如果**上帝是事物的最终根据**，那么我们应该把什么归咎于人类，把什么归咎于魔鬼呢？**21**

哲学家：我有些不知所措，因为你的问题太多也太重要了。 【118】

神学家：所以，我们就更具体些。①L1 难道你不应该首先承认任何事物都有其存在的理由吗？**22**

---

① L1 在页边的空白处写道：关于人的自由与上帝的正义的对话的片段。

　　哲学家：除非有可能（至少全知的上帝有可能）确定某事物存在而不是不存在、这样存在而不是那样**存在的充足理由**，否则任何事物都不会存在，我承认这一点，甚至我相信还可以证明这一点。不管是谁，只要否认这一点，也就破坏了存在与非存在之间的区别。无论如何，任何存在者都将有其存在的必要条件，而存在的一切必要条件加在一起同时也就是存在的充足理由。因此，任何存在者都有其存在的充足理由。**23**

　　神学家：我对该证明——更确切地说，对该观点——毫无异议，甚至对人类的这种实践也毫无异议。因为任何人只要体验到了某种东西，特别是如果它不同寻常，那么他们就会问为什么，也就是说，就会问它的原因，它的动力因，而如果它的创造者是一个理性的存在者，他们还会问它的目的因。正如**"问"**（quaerere）这个词来源于**"谁或什么"**（quis quaeve）那样，**"操心"**（curae）和**"好奇"**（curiositas）这两个词来源于**"为什么"**（cur）。如果人们有时间，或者如果人们觉得值得花时间，他们就会为那个已经给出的理由寻找一个理由，直到哲学家忽然想到某种清晰的东西，即它必然的、自身无条件的理由，或者直到普通人忽然想到某种早已为他们所熟知的共同的理由，他们才会停下来。

[35]　　*哲学家*：完全是这样，事实上，也有必要是这样，否则科学的基础就会被颠覆。因为，正如"整体大于部分"这个命题是量的科学（算术和几何学）的基础那样，"任何事物都有其存在的理由"这个命题是质的科学（物理学和伦理学）的

基础，或者（因为量只是作用力和反作用力）也可以说是包括思想和运动在内的活动的科学的基础。**24** 再就是，你不得不承认，如果不假定这个命题，那么即使是最简单的物理学和伦理学定理也无法得到证明，甚至上帝的存在也唯一地依赖于它。**25**

神学家：因此，你承认任何事物都有其存在的理由。

哲学家：我怎么会不承认，虽然我不明白为什么要对如此明晰的命题作如此费力的证明。

神学家：稍加留意，你就会清楚地看到一根错综复杂的问题链条与这个源头息息相关。比如，犹大受到了诅咒，你应该知道吧！

哲学家：难道还有人不知道吗？

神学家：它不可能没有理由吧？

哲学家：你知道我刚才已经承认了这一点，你就不用再问了。

神学家：那么理由是什么呢？

哲学家：我认为是垂死之人的状态，即他强烈地仇恨上帝——他死后的状态，也是包含着绝望的本质的状态。而他也该当被罚下地狱。因为灵魂从死亡那一刻开始直到它恢复了它的身体之前都不会向新的外部感觉开放①，它把注意力仅仅

【119】

---

① 斯泰诺：这只是一个假设。为什么灵魂不能知觉它所寓居的地方的状况呢？

莱布尼茨：除非通过身体的感官，否则它怎么可能感知到呢？

65

集中在了① 它最后的想法上，所以它不会改变而只会延续死亡时的状态。但是，由于仇恨上帝，也就是说，由于仇恨最幸福的存在者，所以最大的悲哀随之出现了，因为**仇恨**就是不想看到他所恨的人得到幸福（正如**爱**就是乐于看到他所爱的人得到幸福），因此最大的悲哀来自于对最大的幸福的仇恨。最大的悲哀莫过于痛苦，或被罚下地狱。**因此，死时仇恨上帝的人就是诅咒自己下地狱的人。**[26]

[37]

神学家：但到底是什么原因使他仇恨上帝，使他有了加害上帝的意愿或渴望呢？

哲学家：仅仅是因为他认为上帝对他充满了恶意或仇恨。这一点早已通过一个令人惊叹的神秘的天意得到了证实，正如上帝只伤害那些奴颜媚骨般地敬畏祂的人，[27] 也就是，那些认为祂会害他们的人，② 所以另一方面，任何人只要坚定地认为自己将成为选民，也就是说，上帝爱他，他（因为坚定地爱

---

① 斯泰诺：这也只是一个假设。因为你没有解释为什么灵魂不能在同一时刻沉思它一生全部的想法？你的表述似乎与你的意思不符，因为"没有别的"这个说法似乎适用于最后的想法。也就是说，如果长期以来延续的基元（element）分解了，有序的运动停止了，一切想法也就停息了。或者，换句话说，如果身体的各种基元的混合物分解了，意见也就不存在了。但是，这个体系到底有多少假设？这种哲学思考的基础又是什么？

莱布尼茨：作者的意思很清楚，所以这种说法有些吹毛求疵。

② 斯泰诺：这也只是一个假设。因为从另一面来看，几乎任何一个人在皈依之初都会奴颜媚骨般地敬畏上帝，并且至少短时间内都会认为上帝会加害于他，尽管如此，他仍旧以这种方式走上了全然信靠上帝的爱的道路。

莱布尼茨：凡是奴颜媚骨般地敬畏上帝的人都不会爱上帝，也达不到蒙受神恩的程度，因此，也不会走上救赎的道路。

着上帝）就会促使自己被选中。①

神学家：为什么犹大认为上帝希望他不幸？

哲学家：因为他知道他已经背叛了上帝，并且他认为上帝是一个暴君；因为他知道他已经放弃了信仰，并且他认为上帝不会宽恕他；因为他知道他有罪，并且他认为上帝是残暴的；因为他知道他很不幸，并且他认为上帝不公正。

神学家：简单讲，那就是，他**既悔恨²⁸又绝望**。但到底是什么原因使他的灵魂出现了这种状态？

哲学家：我知道你会不停地问下去。他悔恨是因为他了解自己，他绝望是因为他不了解上帝。他知道他有罪，并且他认为上帝会惩罚他。因为上帝赋予了他心灵，所以他知道他有罪。他有罪，他背叛了他的主，因为他有能力也有意愿，是上帝赋予了他能力，而他有意愿是因为他断定背叛上帝是善的。 【120】

神学家：但是，为什么他把某些恶的东西当成了善的？同样，为什么发现了自己的过失之后，他会感到绝望？ [39]

哲学家：我们在这里有必要重提一下意见的原因，因为即使是绝望也是一种意见。每个意见都有两个原因：有意见的人

---

① 斯泰诺：这种说法只不过就是路德的"因信称义"，而我希望看到的是它能够从哲学上得到证明。因为我曾见过那些过着邪恶生活的人，他们相信自己会以最牢不可破的方式成为上帝的选民，就这些人来说，如果他们在这种状态下死去，每个人都会理所当然地认为他们会下地狱。

莱布尼茨：这都是些遁词。实际上，任何人如果不爱上帝，也不会相信上帝爱他。另外需要补充的是，这并不说明：有的人如果不相信因为他爱上帝所以上帝爱他，还是会相信上帝爱他。

的禀性和意见的对象的倾向。我不必添加任何其他先已存在的意见，因为最初的意见最终都能被分解为它们的对象、灵魂的意向与身体的禀性——也就是说，人的状态与事物的状况。因此，除非犹大随对象改变而改变的每一个精神状态都被恰当地解释为他出生时最初的禀性，否则我们无法给出犹大之所以坚持这种错误意见的确切理由。

神学家：我明白你这里的意思。**29** 罪来自能力和意愿。能力来自上帝，意愿来自意见。意见同时来源于有意见的人的禀性和意见的对象的倾向。它们又都来源于上帝，因此，罪的一切必要条件都来源于上帝。就像其他一切一样，罪的最终根据，因此甚至是诅咒的最终根据，都是上帝。① 你是知道从这个原理——即"任何事物的存在都有其理由"——会得出什么样的结果的。毫无疑问，你自己也曾说过，任何事物如果不是它本身存在的理由，比如，罪与诅咒，它们必定归因于一个理由，然后又必定归因于这个理由的理由，如此类推，直至某种自身是自身理由的东西，也就是，自足的存在者，即上帝。这

① L6 斯泰诺：犹大在他有能力不去出卖他的主时却自由选择——上帝预见到了——出卖他的主，如果这被认为是犹大受诅咒的一个必要条件，那么上帝的允许事实上协助了这个必要条件。而最终根据也就会成为这早已被预见到的自由选择，而不管是选择了背叛，还是选择了疏忽大意——借此，他自由地拒绝了他的主在一开始把他收为门徒时所规定的禁欲生活。从一开始，他那受主谴责的无法抑制的贪婪就与最后导致其背叛的报复结合在一起。
莱布尼茨：毫无疑问，作者把意愿放在了必要条件之中，但他一直都在寻求意志本身的必要条件。所以，那种认为自由选择是最终根据的观点是荒谬的，因为自由选择本身有其自身的必要条件，它并不是自足的存在。**30**

种推理与论证上帝的存在相一致。

哲学家：我承认有这个困难。先让我平静一下，缓口气。

神学家：让我们赶紧开始吧！我的朋友，你又发现了什么？看到你突然喜笑颜开，想必你肯定有了令人喜悦、使人激动的发现。

哲学家：抱歉，耽误了你一会儿，不过，还是有些收获。[41] 因为如果说我因今天的经历而学到了某种确定的东西，那么这【121】种东西就是：如果某人把注意力转向上帝，或者，从感官抽离出来，回归他的心灵，如果他是以真挚的情感探求真理，那么意想不到的某束光就会劈开黑暗，穿透午夜的浓雾，照亮道路。

神学家：这些话只有实现了自身目标的人才会说。

哲学家：你评判一下我宣告的内容。我无法否认上帝是万物的最终根据，甚至因此也是罪（行）的最终根据。**31**

神学家：如果你承认了这一点，那么你也就承认了一切。

哲学家：不要着急。情况并非如此，正如我所说，我无法否认，因为肯定如此，即如果取消了上帝，也就取消了整个事物序列，如果设定了上帝，也就设定了整个事物序列，① 包括那些过去和将来被创造出来的事物，受造物的善行与恶行，以

---

① 　斯泰诺：如果设定了上帝，那么就这些事物都在上帝的理念当中而言，也就是说，就它们都是可能的而言，也就必然设定了整个事物序列，等等。但是，就它们是实际存在的事物而言，这并非必然，因为作者一直没有推证相同事物的其他序列是不可能的，也没有推证其他事物的序列是不可能的。

莱布尼茨：他的意思似乎是，上帝不是事物的充足理由。其他事物的序列本身是可能的，它们只是与神的智慧不相容。**32**

及相应的他们的罪。但是，我并不认为罪来源于神的意志。

神学家：因此，你坚持认为，罪的出现并不是因为上帝意愿它们，而是因为上帝存在。

哲学家：你说对了。换句话说，即使上帝是罪的根据，他也不是罪的创造者，**33** 如果我可以被允许以经院哲学家的方式来表述，那么我可以这样说，即罪最终的物理原因（就像一切受造物的最终的物理原因一样）在上帝，而道德原因在有罪者。**34** 我认为，这就是那些一直以来都认为行动的实体而非恶来源于上帝的人的意思，尽管他们无法解释为什么恶不是由行动造成的。**35** 他们本该这样来说，即上帝为罪准备了一切，但没有为它准备犯罪的意志，因此祂没有罪。因此，我认为，罪不应归咎于神的**意志**，而是应该归咎于神的**理智**，或者说，归咎于永恒的理念或事物的本性，**36** 所以人们不应该这样来设想，即事物有两个相互敌视的神灵，有两个原则，一个是善的原则，一个是恶的原则。**37**

神学家：你的话令人惊讶。

[43]　　哲学家：但我会让你也同意这是真的。为了使我的话更清楚、更可信，我给你举个例子。我想问的是，3 乘以 3 得 9，你认为它必须归因于什么，归因于神的意志吗？① 正方形的对

---

① 斯泰诺：3 乘 3 得 9，也就是说，假定同一时间在一起的同一整体的各个组成部分，不管它是 9 还是 3 乘 3，构成了同一整体，这是一码事。某一特定的整体实际上被分成了 9 份，还是每 3 个一份，被分成了 3 份，抑或其他，这是另一码事。上帝看到了前者，是因为它存在；后者存在，是因为上帝意愿它。

角线与边不可约分，你认为这是上帝对它下达了谕旨吗？ **38**　　【122】

　　神学家：如果我们有真才实学的话，我认为不是。因为否则的话，我们既无法理解数字 9 和 3，也无法理解正方形、边和对角线：〈因为如果那样的话，它们也就成了没有相应内容的名称，就像有些人所说的"Blitiri"或"Vizlipuzli"一样。〉**39**

　　哲学家：因此，这些定理必须归因于事物的本性，即归因于数字 9 的理念或正方形的理念，归因于神的理智——在这里，这些事物的理念永恒地延续了下来。换句话说，上帝并不是通过意愿这些事物带来了它们，而是通过理解它们带来了它们，而祂理解了它们是因为祂存在。因为如果没有上帝的话，一切事物都将完全不可能，**40** 而数字 9 和正方形也会是同样的命运。所以，你会发现上帝并不是通过祂的意志而是通过祂的存在成了某些事物的原因。

　　神学家：我明白了，但我热切而又好奇地想知道你是怎么看待罪的。

　　哲学家：你将注意到我并没有徒劳无益地岔开话题。因为正如 3 乘以 3 得 9 归因于上帝的存在而不是上帝的意志那样，3 比 9 等于 4 比 12，这个事实同样归因于上帝的存在。因为任

莱布尼茨：这不是一个实际的问题，而是一个抽象和谐的问题。但我们可以由此推出这一确定无疑的结论，即某个事物比另一个事物更好。尽管这个事实成立并不是因为上帝意愿它而是因为上帝以那种方式沉思它，但事物的存在终究还是因为上帝意愿它。不过，正是因为上帝看到它是最好的，即最和谐的，才意愿它的。

何"比率""比例""等比""比例原则"都来源于上帝的本性，或同样可以说，来源于事物的理念，而不是上帝的意志。

神学家：那么然后呢？

[45]   **哲学家**：如果比率与比例如此，那么**和谐**与**不和谐**同样也是如此，因为它们就在于**同一性与复多性的比率**，因为和谐就是多样性中的统一性，如果它是表面上无序但竟以某种绝妙的比率处于最大程度对称的最大数量的事物的统一性，那么它就是最大的和谐。**41**

    神学家：我现在终于明白你想说什么了。罪的出现带来了事物的普遍和谐，因此可以用阴影来辨识光线。然而，普遍的和谐并不归因于上帝的意志，而是归因于上帝的理智，或者说，归因于理念，即事物的本性。所以，罪同样如此，它也归因于上帝的存在，而不是上帝的意志。①

【123】   **哲学家**：你已经猜透了我的意思。事物之所以被这样安排

---

①   斯泰诺：通过美德与恶行如此这般的混合可以构建这样一种宇宙或整体的这样一种序列，这是一码事。对于特定的个人来说，命令他们，或如你愿意说的那样，允许他们拥有特定的美德与恶行，这是一另码事。同样，通过协和音与不协和音如此这般的混合能够构造出和声，这是一码事；规定特定的人本身可以自由接受的协和音与不协和音，这是另一码事；通过机械而有序的仪器对它们进行分配，以便在给出第一个推动力之后，整个序列会在任何仪器都没有意志等诸如此类的东西的情况下按部就班地运行下去，这更是另一码事。

莱布尼茨：意志本身似乎并不是一个完全受控的仪器，至少肯定不是一个机械地受控的仪器。事物的整个序列如果它因此是最好的，那么它也就早已把个别事物的美德与恶行都包含了进来。

是因为如果取消了罪，事物的整个序列就会变得大不相同。如果取消或改变了事物的序列，事物的最终根据，即上帝，也会被取消或改变。相比同一事物有可能与自身不同，更不可能的是，同一根据——一个充分而完整的根据，比如，对宇宙来说，上帝就是这样的一个根据①——有可能产生相反的结果，也就是说，同一事物可能产生不同的事物。因为同一事物相加或相减，也将产生同一事物。如果不用加减法，我们还有其他的论证方式吗？如果仍有人反对我的观点，那么接下来的证明将会克服他的执拗。我们把上帝写成 A，把事物的这个序列写成 B。如果上帝是事物的充分的根据，也就是说，如果上帝是自足的存在者，是第一因，那么就会得出这样的结论，即只要设定了上帝，事物的这个序列也就存在了；② 要么就是，上帝不是事物的充分的根据，那么为了使事物的这个序列存

[47]

---

① 莱布尼茨：从某种意义上讲，宇宙是上帝的形象，这个形象是独一无二的。斯泰诺："从某种意义上讲"，这个补充说明很有必要。因为宇宙是上帝的形象这个命题至今尚未得到推证，所以还不能从中推演出任何东西。

② 斯泰诺：如果上帝就是这个序列存在所必需的并且同时被放在了一起的必要条件的总和，那么这个论证就是成功的，但这一点至今还没有得到推证。如果在上帝的理念中，同样的这些事物有无限多的其他序列，其他事物也有无限多的序列，那么这个论证就是无效的。因此，我们得不出这样的结论，即只要设定了上帝，也就设定了这些事物的这个序列，因为也可以设定其他的序列。因此，这种说法，即必然设定了这个序列，也就被否定了，但这并不是说需要某种其他的独立于上帝的东西，而是因为如果 不设定这个序列， 还可以设定其他序列。所以， 如果 A 存在，那么 B 也存在，这个命题并不正确，确切地说，这个命题应该是，如果 A 存在，那么 B 或 C 或 D 或诸如此类的其他东西也存在。同样，如果 B 不存在，那么 A 也不会

在，就必须添加某些其他的独立于上帝的必要条件。如果是这样，那么将会得出与摩尼教一致的结论，也就是说，事物将有几个原则，要么就是有几个神，要么就是上帝不是唯一自足的存在者，不是第一因，但无论哪个观点，我认为都是错误的。所以，必须坚持这个观点，即只要设定了上帝，事物的**这个**序列就会随之而来，因此这个命题也是正确的，即

【124】 **如果 A 存在，那么 B 同样也会存在**。再就是，众所周知，从假言三段论的逻辑规则来看，它的逆否命题也成立，所以由此我们可以推出，**如果 B 不存在，那么 A 也不会存在**。由此可得，如果取消或改变了包括罪在内的事物的这个序列，那么也就取消或改变了上帝——这就是我要证明的。因此，包括在事物这一整个序列中的罪归因于事物的理念本身，也就是说，归因于上帝的存在。如果设定了事物的这个序列，那么也就设定了罪；如果取消了事物的这个序列，那么也就取消了罪。

神学家：我承认，这个证明如钢铁般坚不可摧，就像上帝

存在，这个命题也错了。相反，如果我们把事物的理念与外在于这些理念的现实存在的事物区别开来，那么肯定会得出这样的结论，即如果设定了 A，那么也就在上帝的理念中设定了事物所有可能的序列，但这并非必然得出这样的结论，即在外在于理念的现实中设定了这个序列，而不是那个序列，乃至任何其他序列。

莱布尼茨：除非上帝这个最有智慧的存在者只意愿最好的，否则就算上帝被设定了，这个序列也不会被设定。所有可能的序列都在上帝的理念中，但只有一个是最好的。**42**

存在的证明一样，任何凡俗之人都无法用理性来攻击它。**43** 但我觉得它并不能得出这样的结论 **44**〈第一，其余的一切，不仅罪，甚至是善，都要归因于上帝的本性，而不是 的意志，或者我们也可以说，都要归因于事物的和谐；第二，罪是必然的。

　　哲学家：我想先对**第一个反对意见**做些回应，这样的话，[49] 后面第二个反对意见就容易处理了。因此，我要说的是，上帝的意志并不是**上帝意愿某种事物**的理由（因为从来都不是某人意愿去意愿才使他有了意愿，而是他认为某种事物值得去意愿，他才有了意愿）；**上帝之所以意愿某物**，确切地说是因为某物本身的本性，而该本性早就包含在了这些事物的理念之中，也就是说，早就包含在了上帝的本质之中。**上帝之所以创造某物**有两个原因（就像通常其他心灵的活动所表现的那样）：第一是因为祂意愿它，第二是因为祂有这个能力。然而，罪并不是上帝所意愿或创造的事物，**45** 因为祂一个一个地考虑它们时并不觉得它们善，或者说，祂并不觉得它们本质上善。准确地讲，上帝认为它们作为结果融入了祂所选择的最和谐的事物的总体，**46** 因为在这一以和谐为特征的整个序列中，它们的存在得到了更大的善的补偿。因此，祂容忍或承认了它们，尽管绝对地讲，只要有可能消除它们，也就是说，只要有可能选择另一种不存在那些邪恶的东西的更好的事物序列，祂就会消除它们。然而，肯定有人会说，祂意愿整个序列，而不是允许整个序列，同样祂意愿罪，而不是允许罪，因为它们本身并没有被清晰的考虑，而是与整个序列混在了一起被考虑的。因为宇宙和谐——上帝只对它的存在感到绝对的满意——是整个序列的特征，而不是某些部分的特征；除了罪以外，上帝对其他一切都感到满意，即使是从各个部分本身来考虑也对其他一切感到满意。不过，祂并不会因为宇宙序列缺少罪而感到更加满意——事实上，祂会感到更加不满意，因为正是通过这些以不可思议的方式插入进来并得到补偿的不协和音，整体的和声才让人感到愉快。

【125】　　　**神学家**：你的观点让我感到非常满意，据此，你已经充分地证明了这一点，即上帝可以被称为所有存在物的**根据**，而不是**创造者**，我们只能说，祂是那些本身被认为善的事物的创造者。现在看来，我们应该回到**第二个反对意见**了，那就是它到底能否得出这样的结论），即**罪是必然的**。因为上帝存在是必然的，而罪是上帝存在所造成的一个结果，即事物的理念所造成的一个结果，那么实际上，罪将是必然的。因为凡是从必然中产生的，它本身也是必然的。**47**

　　　哲学家：同理，你会得出这样的结论，即一切都是必然的，甚至是我在说和你在听也是必然的，因为事物的序列同样包括这些情境，因此，你还会得出这样的结论，即偶然性被逐出了事物的本性，然而这与整个人类所接受的说话方式截然相反。

[51]　　　**神学家**：如果某个斯多葛派的人——宿命的守护者——向你承认了这一点呢？

　　哲学家：我们绝不能承认这一点，因为它违反了语言的用法——尽管我们加一个解释就可以使其变得无害。正是在这个意义上，即使是基督也会说：**罪的诱因一定**（也就是说，必然）**会出现**。但毫无疑问，罪的诱因也是罪。因为那个人有祸了，正如《圣经》中所讲的那样，**通过他的努力，罪的诱因出现了**。**48** 所以，如果罪的诱因是必然的，那么这个祸就是必然的，也就是说，受诅咒也将是必然的。但是，在日常语言中，人们必须避免那些后果。在关乎生命的问题上，我们不能随意曲解词语的用法，以免那些不熟悉不太常用的意思的人因为听了那些刺耳和难听的事情而感到烦恼。

　　神学家：不过，你将如何回应那个反对意见呢？**49**

　　哲学家：什么？它的整个困难只不过就是因为扭曲了词义。由此，出现了人们无法逃脱的迷宫；同样由此，我们的生存状况也出现了危机，因为所有人的语言都发生了扭曲，必然性、可能性和不可能性、意志、创造者及其他诸如此类的词语通过某种普遍存在的诡辩都有了不同的意义。所以你不要认为我这是回避问题，接下来我会给你一个明确的指示：忽略掉刚刚在整个讨论中提到的那些词语（因为我认为，即使通过一项法令把它们禁止了，人们也仍然能够在没有这些词语的情况下表达他们心中的想法），并且每当你需要时就换掉它们的意义或定义，我敢打赌（你想怎样都行），就像通过某种驱魔法术，就像火炬被带到了那里，一切蒙昧都会瞬间消失，一切困难的幻影和幽灵都会像细微难察的水汽一样突然不见。此时你已经有了**不同寻常的**治愈错误、胡作非为、丑恶行径的**秘诀**和处方——从瓦勒里乌斯·科达斯（Valerius Cordus）、兹韦尔费（Zwelfer）或任何其他药剂师那里，你是不可能得到这种处方的。乌尔巴努斯·赖吉乌斯（Urbanus Regius）[50] 有这样一个作品，即《谨慎说话的信条》（*deformulis caute loquendi*），这门艺术的几乎所有的处方都包含在了这一独特而巧妙的设计中。

【126】　　　神学家：难道这么重要的问题真的可以如此轻而易举地解决？

　　　哲学家：你把我当成了先知。有些词语经常困扰我们，折磨我们，刺痛我们，惹恼我们，激怒我们。如果我对你说，先生，你声称知道某种东西对我不利，但你所知道的那种东西却并非如此，我相信你不会太过愤怒，你会轻易地宽恕讲话者这种放肆的行为。但是，如果我大声嚷道你欺骗了（尽管**欺骗**只不过就是故意地说些有害的或不义的假话）不

[53] 朽的上帝，你肯定会暴跳如雷！因此，如果有人说，罪是必然的，上帝是罪的原因，上帝意愿某人受诅咒下地狱，犹大不可能得救，等等，那么毫无疑问，他会搅浑阿刻戎河（Acheron）。[51] 我们换一个说法：因为**上帝是事物的最终根据**，即宇宙的充分根据，所以宇宙有一个根据，事实上，也是一个最理性的根据，这一事实符合至高无上的美，也就是说，符合宇宙的和谐（因为宇宙万物的和谐是至高无上的）。再就是，就像在最精致的和谐之中，最混乱的不和谐出乎意料地

变得有秩序那样，油画通过阴影变得更加鲜明了，和声源于不协和音与不协和音的配合（正如一个偶数源于两个奇数），因此，罪（显然）使自身遭到了它们应有的惩罚。因此，只要设定了上帝，罪与对罪的惩罚就会存在。① 但对那些讲的、听的和理解的人而言，说这是必然的，说上帝意愿它，说这是由作为创造者的上帝引起的，那就太轻率、太多余、太虚假了。**52**

神学家：你确实发现了一个非凡的秘诀，它可以用来防范很多困难。你已无需走得更远。不过，如果有可能，我希望你能够用那些保留下来的词语来安置你通过这些被淘汰的词语所表达的内容。

哲学家：如果我可以这样安排，即人们只能用词语来为上帝的荣耀和他们自身的安宁服务，那么我愿意展示给你看。

神学家：你先试试看。

哲学家：我会的，但条件是，对于那些我已表明我们完全可以不使用的词语的解释，我所说的一切，你都要把它当成是——就像我们达成了共识那样——多余、绝非必需或强词夺理。

神学家：我接受这个条件。

哲学家：所以，我愿将其对立面蕴含着矛盾或不能被清晰地设想出来的东西叫作**必然的**。**53** 因此，3 个 3 得 9 就是必然

---

① 斯泰诺：有些人有能力自由地拒绝上帝的意志，并且他们事实上也意愿这样做，因此他们将被迫为他们的悖逆而受罚。

【127】
[55] 的，而我说话或犯罪不是必然的。① 因为，即使设想我不说话，我也可以被设想为**我自己**，但如果设想不得 9 的 3 个 3，那么这 3 个 3 就不是 3 乘以 3，这蕴含着一个矛盾，蕴含着一个计算，比如，通过定义算法，使两项相除等于 1。事物只要不是必然的，就是**偶然的**；只要它们不存在不是必然的，就是**可能的**。只要没有可能，就是**不可能**。或更简单地说：**可能**就是能够被设想出来，也就是说（为了使能够这个词不出现在关于可能的定义中），通过专注的心灵被清楚地设想出来；**不可能就是没有可能**；**必然**的对立面是不可能；**偶然**的对立面是可能。**意愿支持**某种事物就会因它存在而感到欢欣；② **意愿反对**某种事物就会因它存在而感到悲伤，或因它不存在而感到欢欣。**54 允许**既不是意愿支持，也不是意愿反对，毋宁说，允许就是知道。但**做一个创造者**，就要通过自身的意志成为其他事物的根据。**55** 所以如果我们认定这些定义，我敢断言，任何施加于

---

① 斯泰诺：如果事实上，犯罪是必然的，因为根据与上帝的理念相一致的对象和我的禀性，我已经下定决心去犯罪，那么我似乎并不是必然犯罪，这又有什么帮助呢？因为上帝预见到了我将自由地选择犯罪，所以我必然犯罪，这是一码事；而因为我必须犯罪，而不是选择犯罪，所以我犯罪，这是另一码事。

莱布尼茨：必然（necessary）是一码事，确定（certain）是另一码事，就像上帝所预见到的未来一样，比如，我并没有必然下定决心去犯罪。此外，这种确定性来自上帝的理念还是来自上帝的预知，这又有什么区别呢？如果自由与确定性不一致，说说没有自由，这是荒谬的。

② 斯泰诺：意志活动似乎无法与快乐和痛苦的体验区分开来。

莱布尼茨：如果他（斯泰诺）能够理解意志的本性，那么他就会承认它就在于此。

它们的结论的酷刑手段，都产生不出有损神的正义的东西。

神学家：对于之前提出的论点，即上帝的存在是必然的，事物序列中包含的罪从上帝的存在中产生，而凡是从必然的东西中产生的，它本身也是必然的，所以罪是必然的，你如何回应？

哲学家：我的回答是，凡是从〈本质上〉必然的东西中产生的，它自身也是〈本质上〉必然的，这个说法是错误的。①**56** 很显然，从真理中推演出的结论也是真理；不过，既然从三段论第三格 AAI 式和三段论第三格 EAO 式来看，特称命题可以从纯粹的全称命题中产生，那么偶然〈或其他假设基础上的必然〉的东西为什么就不能从〈本质上〉必然的东西中产生呢？我将通过必然性这个概念来证明这一点。我现在已经把**必然**定义成了某种其对立面不可能被设想的东西；因此，我们将从事物本身的理念中而不是事物之外，通过仔细地考察它们是否可以被设想出来，或者说它们是否蕴含着矛盾，发现事物的必然性与不可能性。〈在这里，只有**本质上是**必然的，我们才说**必然**，也就是说，它本质上有其存在及真理性的理由。几何学的真理就是这样的。但在存在的事物中，只有上帝是这样的；从

【128】

[57]

---

① 在页边的空白处有这么一段话，但随后被划掉了：如果我们这么来说，即必然性是对那些其存在来自其本质的事物的一般理解，那么这个回答可能会更清晰、更鲜明。那么照此说来，只有假设性的命题是必然的。至于绝对真理，只有一个，那就是上帝存在，也就是说，万物有一个根据。由此可见，其存在来自其他事物的就都不是必然的。

预先设定的事物序列——也就是说，从事物的和谐或上帝的存在——产生的其余的一切**本质上都是偶然的**，仅仅是假设的必然，虽然一切都不是意外，因为它们都是通过命运来进行的，也就是说，都来自天意的某个既定的理由。〉因此，如果某事物的本质可以被设想出来，并且被清楚鲜明地设想出来(比如，**一种长了奇数只脚的动物，一种长生不老的野兽**)，那么它必定会被认为是可能的，而其对立面不是必然的，即使它的存在可能与事物的和谐和上帝的存在相抵触，而它也因此决不会实际地存在，但那也仍是**出于偶性的**不可能。因此，所有那些认为〈(绝对，也就是说，本质上)〉不可能即过去不存在、现在不存在、将来也不存在的人都是错误的。

神学家：真的吗？那么这岂不是说，就像凡是过去存在的，都是必然的，同样，凡是现在存在，都是必然的一样，凡是将来存在的，也都是〈绝对〉必然的？

哲学家：绝非如此，这是错误的，除非你这样来理解，即这个命题事实上只是重复，也就是说，你为了避免同样的事情说两次而采用了人们经常用到的省略的说法。因为"凡是存在的，都是必然的"，这个命题的意思是，**"如果它存在，那么它存在"**，或(用必然的定义替换掉**必然**)，"凡是将要存在的，那么如果它将要存在，我们无法设想它将不存在"。但是，如果省略了重复，这个命题就是错的。因为有些东西尽管可以设想它将来不存在，但它将来还是会存在；而有些东西尽管无法被设想出来，但它却曾经存在过。**57**优雅的诗人的标志是，

他会捏造某种虚假但却可能的东西。① 巴克莱（Barclay）的"艾格尼丝"（Argenis）**58** 是可能的，也就是说，可以被清楚鲜明地想象，即使可以肯定的是，她从来都不存在，而且我认为，她将来也不会存在，除非我们信奉异端邪说，否则我们不会认为，她早晚会在一切可能都会出现的无限长的时间长河中被创造出来，否则我们也不会觉得她无论何时都不会以某种微不足道的程度出现在这个世界上很难想象。**59** 即使我们认可这一点，但事实仍然是，艾格尼丝还是有可能的，尽管她至今都未曾存在过。那些认为如果不这样必然会破坏真实性与可能性、必然性与偶然性之间的区别，扭曲这些词的意义的人，他们反对日常用语。因此，尽管罪、诅咒及偶然事物的序列的其他要素从某种必然的东西——上帝的存在或事物的和谐——中产生，但它们却不是必然的。因此，任何事物，只要将来不会存在，过去也不曾存在，即只要无法设想与事物的和谐相一致，那么它就无法被**绝对地**（simpliciter）设想出来，也就是说，它是不可能的。在此基础上，我们可以证明，即使犹大真的〈确定，被预见到，出于偶性的必然，也就是说，从事物的和谐来看必然〉永远都不会得到拯救，但他得到拯救并不是不

[59]

【129】

---

① 在页边的空白处有这样一段话，但随后被划掉了：应该更清楚地说明这一点。本质与本身不相容的事物是不可能的。本质与存在不相容的事物是不协调的，是被拒绝的（比如，那些过去不存在、现在不存在、将来也不存在的事物）；因为它与最高存在者不相容，与第一实体不相容，也就是说，与通过自身而存在的东西不相容，即与上帝不相容。

可能，〈也就是说，并不是一种矛盾的说法〉。

神学家：但是这种用法早已巧妙地取得了所有人的信任，迂回地潜入了所有语言之中，并且由于普遍的模棱两可得到了强化，其结果是，那些被认为现在存在、曾经存在、将会存在的事物都被说成是必然的，不属于这一类的那些事物则被说成是不可能的。

哲学家：但我说过，之所以会出现这种情况是因为省略了重复，而所有人都倾向于这么做，因为他们也不喜欢重复，即使在同样的事情应该说两次的地方也是如此。

神学家：因此，也许我们必须从这个根源出发来寻求那个著名的懒惰理性的谬论的真正原因和解决办法。这种谬论已经遍布整个世界，也正是通过该谬论，过去的哲学家和现在的伊斯兰教徒——在战争和瘟疫危机四伏的时候，凭借有利于他们领袖的坚定信仰——不适当地使劲去证实这一点，即抵抗只能是徒劳，我们对此无能为力，因为所谓的命中注定就是不可避免。所以，努力之人无法得到上天拒绝赐予的东西，懒惰之人自会得到上天赐予的东西。

哲学家：你的说法很对，因为这个如此令人恐惧、对人们的思想影响如此强大的论证是一种诡辩，因为它有异议地省略了作为先决条件的事物本身的原因或存在的假设。凡是将来存在的，**确实**将来存在，但这并不是**必然存在**，〈并非绝对必然〉存在，也就是说，**与你努不努力毫无关系**。因为除非给出了关于原因的假设，否则结果就不是必然的。**60**

神学家：我习惯于以这种方式指责那些如此危险地胡言乱 [61]
语的人：傻瓜，如果你命中注定无法避免邪恶，那么或许，你
的愚蠢也是命中注定的，也就是说，你不留心去避免它。在任
何情况下，如果没有手段，即没有（你自身）的努力或有利的
环境，目的是不会命中注定的。只有努力是值得信赖的；有利
的环境只在它们出现的时候才可以被利用。你可能会说，虽
然如此，但确定无疑的是，凡是上帝预见到的，也就是说，凡
是将来会存在的，将来就会存在。我同意，但不能没有手段，
通常也不能没有你的行动，因为幸运很少降临到沉睡者的头
上；法律是写给那些警惕的人看的。因此，由于你并不清楚某
事物命中注定会对你有利还是对你有害，你有时就会像它命中 【130】
注定对你有利似的去行动，有时就会像任何东西都不是命中
注定似的去行动，因为你不能使你的行动与你所未知的东西保
持一致。**61** 这就是上帝指责你的原因，因为如果你负责你的
事，那么任何东西都不会从命运中产生，也就是说，都不会从
事物的和谐中产生。**62** 关于预知、命运、预定、生命终结的
整个争论对我们该如何指导我们的生活毫无裨益。即使我们不
去思考这些问题，所有的事情也都必须以同样的方式来完成。
如果某人时时刻刻地爱着上帝，他就会通过行动来表明他在冥
冥之中被预定了；因此，**只要我们意愿它，我们就能够被预定**
（因此，我们还寻求或需要什么），尽管为了使我们有这样的意
愿，还需要有恩典。**63**

哲学家：完全正确。要是我们的对手能被说服该多好啊！

85

　　神学家：问题又来了，上帝到底意愿支持罪还是意愿反对罪呢？首先，上帝似乎并不意愿反对所存在的那些罪。因为上帝并不会因其他事物的存在而痛苦，祂根本不可能痛苦。① 所以，上帝也不会因罪的存在而痛苦。而不管是谁，只要不会因某物的存在而痛苦，就不能说他意愿反对那个事物的存在。② 因此，我们应该说，上帝意愿反对虚无的存在，除非根本就一切都不存在，而不存在可以说令上帝感到愉悦。只有当我们因某事物不存在而感到欢欣，我们才可以说意愿反对这个事物，这也正是你所引入的定义的一个必然结论。

[63]　　**哲学家**：你说的很对。如果罪被理解为不存在，那么我们必须说，上帝意愿反对这个意义上的罪。**65** 如果罪存在是因为事物的和谐，那么我们必须说，上帝允许它们，也就是说，祂既不意愿支持它们存在，也不意愿反对它们存在。

　　神学家：相反，祂似乎意愿支持罪的存在。因为事物的和谐令上帝感到愉悦，而罪的存在就来自事物的和谐。再就是，按照你的定义，如果某种事物会让我们感到欢欣，我们就会意愿支持它存在，因此，我们可以说，上帝意愿支持罪。

　　哲学家：那是一种虚假的推理：**66** 虽然和谐令人愉悦，但它却不能直接得出这样的结论，即无论什么，只要来自这种和谐，就会令人愉悦。因为整体令人愉悦并不能得出每个部分也

---

① 斯泰诺：上帝似乎无法毫无悲伤地意愿反对某种事物。

② 在页边的空白处有这样一句话，但随后被划掉了："意愿反对"通常与"不意愿支持"的意思一样，比如，"我不意愿支持有罪者死去"。**64**

都令人愉悦这样的结论。虽然整个和声令人感到愉悦，但不协和的方面本身却并不令人感到愉悦，尽管它们按照艺术的规则被结合在了一起。但是，存在于这些事物本身之中的不快通过脱离或更确切地说实际上增加整体的快乐之源而被驱散了。正是因为这种补偿，所以该混合物的那些不协和的方面也就变得与令人不快的东西无关了，而被允许的东西也就变得与被拒绝的东西无关了。只有整体令人感到愉悦，只有整体是和谐的，只有整体的构造可以说是和谐的。上帝会为那些得救的人享有福乐而高兴；但祂不会为那些被诅咒者失去福乐而痛苦，因为痛苦在普遍的和谐中通过补偿被消除了，所以祂不会为任何东西而痛苦。

　　神学家：说实在的，关于这个重大的难题，你的回答超乎我的期望，令我感到满意，而且你还证明了（迄今为止几乎未得到任何人的证明）这种说法——即上帝既不意愿支持也不意愿反对所出现的那些罪，祂只是允许它们——合乎理性。**67**

【131】

　　哲学家：那么，你还有反对意见吗？

　　神学家：我能预料到你会就罪的创造者说些什么。

　　哲学家：我会说，并不是上帝，而是人或魔鬼，才意愿支持罪，也就是说，以恶为乐。**68**

　　神学家：**他们以恶为乐**，这是最正确的解决这个问题的方法。因为不然的话，有人就会反对说，人或魔鬼同样也只是允许罪，他们所做的一切都是为了他们自身的利益，同时，他们也只允许别人因此受到伤害。这并不能说某人犯了大罪，不能

说他仇恨上帝，即仇恨普遍的善，因此相反，这只能说，他以恶为乐。但对于某个并非出于恶意而是因为鲁莽犯下轻微的过失的人来说，我们是否可以说他允许罪呢？ **69**

[65]　　**哲学家**：不能，即使是这个人，我们也不能说他**允许**罪，因为按照前面的定义，允许不是意愿支持也不是意愿反对，而是知道。那些因错误而犯罪的人就是缺乏这种知识。他意愿罪恶的东西，即罪恶的行动，而不是意愿和允许罪本身，因为他没有关于它的知识。简言之，上帝允许罪，因为祂知道祂所允许的东西并不违背普遍的善，因为这种不协和以另一种方式得到了补偿。然而，一个犯下大罪的人知道，他所做的一切，在他有能力做出判断的范围内，都是与普遍的善相违背的；同时，他也知道，**除非通过他自身受到的惩罚**，否则他所做的一切**是无法与普遍的善相调和的**。但是由于他痛恨他自身受到的惩罚，却又意愿罪恶的行动，那么我们由此可以断定，他痛恨普遍的善，也就是说，他痛恨对世界的治理，所以他犯下了大罪。

　　神学家：你真的太令我满意了，你已经十分巧妙地将上帝的意志从罪恶中解脱了出来。如果把你所说的归结起来，我想或许可以这么说：如果我们犯罪，那是因为**有能力也有意愿这么做**，而如果我们的能力的基础一方面来源于天生固有的东西，另一方面来源于我们所吸收的东西，其中，天生固有的东西来源于我们的父母，我们所吸收的东西来源于我们的自然，那么从这两种情况来看，我们可以说，它就来源于外在的事物。此外，如果运用理智是意愿的原因，知觉是运用理智的原因，对象是知觉的原因，并且如果对象的条件取决于外在的事物，那么犯罪的能力和意志就都取决于外在的事物，也就是说，取决于事物当前的状态。事物当前的状态取决于事物早前的状态，而早前的状态取决于更早前的状态，直至无穷。因此，当前的状态取决于事物的序列。事物的序列取决于普遍的和谐。普遍的和谐取决于那些众所周知的永恒不变的理念本身。那些包含在神的理智中的理念本身并不取决于神的意志的介入。因为上帝去理解并不是因祂意愿，而是因祂存在。既然罪不会因为它们自身的和谐而令人感到愉悦，那么神的意志之所以允许它们就只能是因为外在于它们的和谐，即普遍的和谐，否则，它们不可能成为现实。

哲学家：那么你还有其他反对意见吗？ 【132】

神学家：还有很多，因为我们确实还没有消除所有的难题。因为如果罪无法与我们的自由相调和的话，那么使罪与上帝的善相调和又有什么意义呢？如果恶人随上帝一起被宣告无罪了，那么宣告上帝无罪还有什么意义呢？如果我们消灭了一切意志，那么我们还能从免除上帝的意志的罪恶中得到些什么呢？因为如果我们取决于外在的事物，它们引起了我们的意愿，而某种宿命的联系就像驱使原子的旋转和碰撞那样驱使我们的思想，那么到底什么是我所乞求的人的自由呢？**70** [67]

哲学家：我希望你不要对这个很少得到正确的理解、很少得到准确的表达的观点大发雷霆。这其实就是你之前自己提出并同意的观点，即任何事物都有其存在的充足理由。所以，即使是意志活动也有某一充足的理由，而它要么就是在意志活动本身之中（如果这样的话，它将是自足的存在者，即上帝，但这是荒谬的），要么就是在它之外。因此，为了发现意志活动的充足理由，我们必须给意愿下一个定义。那么，**意愿某种东西**是什么意思？

神学家：就像你之前的定义那样，为它的存在而欢欣，而不管我们是实际上体验到了它的存在，还是实际上它并不存在而我们只是想象着它存在。

哲学家：根据我们之前的定义，欢欣就是体验到了和谐。因此，我们只意愿看起来和谐的事物。然而，看起来和谐的事物却取决于感知者的意向、对象和媒介。这就是为什么即使我们有能力去做我们所意愿的事，但我们却没有能力去意愿我们所意愿的事。确切地说，我们意愿我们觉得愉悦的事物，也就是说，断定为善的事物。但是，去判断还是不去判断某种事物是否成立却超出了我们的能力。任何人，即使他已经被意愿支持或意愿反对搅得心烦意乱了，都不会毫无理由地相信他不再相信的东西。因此，既然意见并不受意志的力量的支配，那么意志本身也就不受意志的力量的支配。**71** 如果假设我们有意愿是因为我们意愿去意愿，那么为什么我们意愿去意愿呢？是出于另一个意愿，还是根本就没有原因，也就是说，没有理由？

神学家：我不知道该如何回应你的论点，但我知道你没有从你的角度来回应我不满的地方，即自由选择被我们摧毁了。**72**

哲学家：如果你像很多人那样来定义**自由选择**，即它是一种在行动的一切必要条件都被设定并且行为主体之外和之内的一切均相同的情况下可能行动和不行动的能力，那么我承认它确实被摧毁了。**73**

神学家：什么？难道这个定义还有问题？

哲学家：当然，除非我们不对它加以解释。① 尽管某种事物（这里说的是行动）的一切必要条件都存在，但它却并不存在——这该如何区别于此种情况，即尽管定义的事物都存在，但被定义的事物却不存在，或者，那同一事物在同一时间既存在又不存在？当然，如果某种事物不存在，那么肯定是缺少某些必要条件，因为定义只不过就是列举某些必要条件。**74**

【133】
[69]

神学家：所以，我们必须把定义更正为：自由选择是在行动的一切必要条件——也就是说，一切外在的必要条件——都被设定的情况下行动或不行动的能力。

哲学家：因此，我觉得，虽然行动的一切辅助条件都任我

---

① 斯泰诺：我们应该对那些促使没有感觉的事物被移动的必然协助的必要条件进行分析，同时对那些促使人移动某物的必然协助的必要条件进行分析。毫无疑问，就前者而言，一旦移动的所有物质条件都被设定了，移动将必然随之而来。就后者而言，即便是移动的身体内外的所有物质条件都被设定了，甚至是把想象的幽灵置于身体的物质条件之中，由于心灵的选择，移动也有可能不发生，或以不同的方式发生。

莱布尼茨：就物质条件而言，我承认这一点，但对于自由行动而言，它还需要非物质的条件，尽管在某种意义上，物质事物的移动也需要非物质的条件。

处置，但我仍有可能放弃行动，即使事实上我不会那么去做。没什么比这更真实的了，也没什么比这更不反对我的立场的了。亚里士多德确实把**自发性**[75]**定义成了当**行动原则在行动者时所获得的东西，〈与此同时，他还把**自由**[76]定义成了有选择权的自发性。我们可以由此得出这样的结论，即不管是谁，他越是自发，他的行动就越是出自他的本性，也就越难以被外在事物改变，而他越是自由，他的选择能力就越强，也就是说，他也就越能以纯洁、平静的心灵理解诸多事物。因此，自发性来自能力，自由来自知识。〉但是，假如我们认为某种事物是善的，那么我们不可能不意愿它；假如我们意愿它，同时，我们知道外在的辅助条件触手可得，那么我们不可能不行动。[77]因此，没有什么比想把自由选择的概念转变成我所不知道的某种闻所未闻而又荒谬可笑的毫无理由的行动或不行动的能力——神志清醒的人不会选择这样一种能力——更不恰当的了。我们被置于人生的十字路口，所以我们只能去做我们意愿的事，只能去意愿我们认为善的事，并通过最充分地运用理性去调查被认为善的事，这足以保护我们自由选择的特权。①

[71]　因此，如果自然赋予了我们这种巨大的某种程度上合理的非理性力量，我们就更没有理由去责备它了。

---

① 　斯泰诺：但如果调查也需要选择呢？因此，要么就是徒劳无益地赞扬理性这个最丰盛的礼物，要么就是必须承认运用理性的自由。
　莱布尼茨：好像有人要否认这种运用理性的自由似的。我无法想象我的批评者在读这些东西时到底想些什么。

神学家：但也有一些人，他们却宣称自己拥有非常多的自由，他们甚至说自己可以无需任何理由地（任性地）利用知识和谨慎去做某件事或忽略它。

哲学家：我可以自信地说，他们要么就是在骗人，要么就是被别人骗了。他们之所以这么说的一个理由是他们从冥顽不化的固执中获得了快乐（决不是意志通过本身获得了快乐）。

神学家：但假如我准备向你挥手，那么我是不是绝对不能向这边挥或向那边挥呢？

哲学家：你可以随意挥手。

神学家：那么，在你看来，我现在向右边而不是向左边挥手的理由是什么呢？

哲学家：毫无疑问，有很多微妙的理由，它们构成了一个基础。比如，有可能是因为它最先以那种方式进入了你感官，所以也就这样进入了你的心灵。也有可能是因为这只手更习惯于这种挥手方式。还有可能是因为向左边挥手近来让人觉得讨厌，而向右边挥手让人觉得吉利。每个情况的细节也不尽相同，谁也没有办法将其穷尽。

神学家：你预言一下，让天使也预言一下，甚至让上帝也预言一下我接下来挥手的方向；不过，你们一做出预言，我立马就会改变方向，与先知相反，我要维护我的自由。

哲学家：你不会因此得到更多的自由，因为在这种情况下，充满矛盾的快乐本身成了你的理由。并且，如果那位先知绝对无误，他仍会默默地预见到这种状况，尽管他不会提前告诉你，因为他知道你会做与他的预言相反的事。不过，他仍会默默地预见到它，或者在你不知道的情况下，他向第三方做出预言。

〈神学家：那么他是不是就不能当着我的面预言真相？但是，如果他预先知道了真理，那么他为什么就不能呢？因为每个人都有可能说他知道任何一个倾听者。但是，我会做出与他所说的相反的事；因此，他无法预先知道我会做什么，而这违背了假设。因此，要么是预知，要么是自由，其中一者将遭到破坏。

哲学家：这个推理很精妙，但那仅仅是因为它得出了这个结论：具有这样一种本性的心灵——即不仅想要也有能力去做或去意愿与可能被预言到的相反的事——与一个全知的存在不相容，也就是说，与事物的和谐不相容，所以它过去不存在，现在不存在，将来也不存在。〉**78**

[73]　　神学家：但是，你怎么看这个众所周知的说法，即"我明白也赞成更加善者，但却听从更加恶者。"**79**

哲学家：什么？如果仅仅是这样而不对它进行正确的理解，它就是荒谬的。正如奥维德（Ovid）所写的那样，美狄亚（Medea）说这句话的意思是，当她杀了自己的孩子时，她意识到了自己的行为是不正义的，但是复仇的快乐占了上风，就好像它比邪恶的行为更善似的。总之，她违背了自己的良心。

【135】因此这个诗篇用**更好**和**更糟**取代了**正义**和**可耻**。所以，人们由此不能证明这一点，即被选择的在选择者看来有时候在整体

上是更糟的东西。凡是相信相反的事物的人，都会颠覆整个道德原则，甚至都说不出什么是意愿。**80**

神学家：我差不多已经被你说服了。

哲学家：那就好。我们简直太愚蠢了，我们竟敢抛弃上帝和自然的特权，需要某种未知的幻想，不满足于运用理性这一自由的真正根源。我们竟然认为，除非赋予我们一种非理性的能力，否则我们就没有充分的自由，就好像完美地运用我们自身的理智和意志，并因此通过事物使理智只能去辨认真正的善，通过理智使意志只能去拥抱真正的善，使它无法去拒绝真理，使它去接受来自对象的、没有因激情的乌云而折射或褪色的纯洁的光线，不是最高的自由似的。如果没有这些激情，我们不可能在思考时犯错，在意愿时犯罪，留心注意的心灵也不可能不利用它那没有被某些错误扭曲的、张开的眼睛通过透明并被照亮的媒介以合适的间距和亮度去看那个有色的对象。毫无疑问，上帝的自由是最高的自由，尽管祂在选择最好的时不能犯错；既然神佑的天使再也不会堕落了，所以他们的自由得到了加强。因此，自由来源于对理性的运用，如果理性是纯洁的，我们就会正确地走上神圣的职责之路，而如果理性受到了污染，我们就要步履蹒跚地穿过荒漠。**81**

神学家：所以，一切罪都起因于错误。

哲学家：我同意。

神学家：因此，一切罪都必须得到宽恕。**82**

哲学家：决不，因为就像穿透黑暗中的裂缝的一道光线，避免犯罪的方法就掌握在我们手中，但前提是我们意愿去使用它们。

神学家：但是，为什么有人意愿去使用它们，其他人却不意愿呢？

[75]
哲学家：因为对于那些不意愿使用它们的人来说，他们甚至都没有想到他们能够从中获利，或者说，他们似乎觉得这种可能根本就不存在，也就是说，他们没有**反思**或**留心注意**，因此就算是看了他们也看不见，就算是听了他们也听不到。**83**在这里，我们找到了**拒绝恩典**——或者如《圣经》所说，硬了心——的根源。**84**我们中有多少人没有成千上万次地听到这样的俗语，"要明白你现在为什么这么做"或"留心注意你的目标"或"看看你做了些什么"？**85**不过可以肯定的是，通过这样一种得到了正确的理解的、不断被摆在我们面前的——就像得到了某些法律和刑罚的正式批准①——个别的、独特的箴言，每个人，仿佛一眨眼的工夫，**通过瞬间的蜕变**，都会超越斯多葛学派的智者的一切悖论，变成绝对无误的、明智谨慎的、永享极乐的人。②

神学家：难道一切邪恶的人真的因为他们没有把注意力转
【136】向他们本该很容易、很迅速注意到的幸福之路，就应该最终

---

① 在页边的空白处写道：注意、注意、注意。
② 斯泰诺：这些话很容易写也很容易说，但它们如何与这个体系保持一致呢？
   莱布尼茨：这表明我的批评者并没有很好地理解我的体系。

被认为是不幸福的吗？

哲学家：我同意。

*神学家：*难道他们不值得怜悯吗？

哲学家：这我不否认。

*神学家：*所以他们把自己的道德败坏归咎于不幸。

哲学家：这很明显，因为意志最终的根据在有意愿的人之外。所有这些问题最后都要回到事物的序列，也就是说，普遍的和谐，对此，我已经做了证明。**86**

*神学家：*同样的话也适用于精神病人吗？

哲学家：基本上是这样，但不完全是。使邪恶的人镇定下来，让他们去思考"要明白你现在为什么这么做"这句包含了所有审慎的俗语，而如果这个思想出现在了他们脑海中，让他们紧紧地抓住它——这些是精神病人即使想做也做不到的事情，同样，酒鬼或梦中人也做不到。糊涂蛋、犯错者、作恶者都以理智的方式使用他们的理性，却不去考虑最重要的事情；他们对幸福之外的一切都会深思熟虑。可以这么说，危害神经与动物本能的疾病和问题，加上某种程度的失眠，搅乱了精神病人。对糊涂蛋和作恶者来说，另一种理由妨碍了真正的理由，较次要的理由妨害了更主要的理由，通过禀性、教育和运用扎根在脑海里的特定的理由妨害了普遍的理由。〈因此，毋庸置疑的是，就像糊涂蛋在我们看来很愚蠢一样，作恶者在天使看来同样很愚蠢。〉

*神学家：*因此，不管怎么说，他们就像那些新月之后第四　　[77]

天出生的人一样，就像他们说的那样，他们就像那些受教育程度不高的人，就像那些因社会交往而误入歧途的人，就像那些被婚姻毁掉的人，就像那些因逆境而愤怒的人一样。[87] 他们不能否认他们是邪恶的。不过，因为他们绝望的生活，他们有理由怨天尤人。

哲学家：完全是这样；实际上，也必定是这样。没人愿意让自己变得邪恶，否则在他让自己变得邪恶之前，他就已经是邪恶的了。[88]

神学家：但事实上，**我们现在需要整体的理解，需要一颗坚定的心，因为我们已经攀上了顶峰；**[89] 不经意间，我们已经来到了最困难的地方。如果运气在这里没有抛弃你，你将无往不胜。因为无论我们用哪一种诡辩，这个无情的困难都摆在我们面前：那些悲哀的被诅咒者所得到的貌似公正——他们以这样一种方式出生，以这样一种方式被抛入了世界，遇到了这样一种时代、人、场合，他们不得不走向灭亡；他们过早地被恶毒的思想所占据的心灵就生活在赞赏邪恶、激发邪恶的环境下；他们缺乏可以释放他们、约束他们的环境，就好像命运女神们试图密谋毁灭这个可怜虫。即便有什么有用的建议进行干预，他们也没有留心注意到，也就是说缺乏有智慧的灵魂，缺乏**反思**，即"要明白你现在为什么这么做"和"留心注意你的目标"这个最伟大的天赐**恩典**。只有正确地认识到这一点，我们才能保持警惕。但是，有些人睡着之后被唤醒，而有些人却在熟睡中被屠杀，这简直太不公平了！如果有必要毁灭这么多

的受造物，若不然世界的基础就会坍塌，那么至少是那些不幸的人应该是命中注定的。

〈**哲学家**：事实上，它就是这样。因为某事是命运的安排，命中注定的，还是通过普遍的和谐而发生，根本就是一回事。

神学家：我希望你听完一切之前不要打断我。〉一个人竟 **【137】**
无动于衷地沉思他带来的痛苦，这简直太残忍了——那个生养不肖子孙的父亲，那个提供最糟糕的教育的父亲，那个本应受到惩罚的父亲愿意去惩罚别人。那些被诅咒者诅咒事物的本性，因为它给他们带来了源源不断的毁灭；他们诅咒上帝，因为祂以其他人的痛苦为乐；他们诅咒自己，因为他们不能被消灭；他们诅咒普遍的序列，因为它把他们也包括了进来；最后，他们还诅咒神的理念永恒不变的可能性，因为它是他们不幸的首要来源，是普遍的和谐的决定因素，同时也是事物存在的决 [79]
定因素，这些事物因此就在包含着他们的苦难以致其他人的幸福就显得更加可嫉恨的宇宙状态下从如此众多的可能性中迸发了出来。

哲学家：这听起来很悲惨，但并没有相应的说服力。我将通过特定的迹象和精确的推理向你清楚地证明这一点，但前提是，关切此事的上帝赐予我们力量和精神。你或许可以从这一事实来判断这一抱怨到底有多么空洞，那就是它可能来自被诅咒者，而不是来自那些该受诅咒者，即现在应该受到诅咒的人，尽管该受诅咒者此时早已预料到了被诅咒者将会认识到的一切。**90** 我问你，如果其他一切都不变，时间本身能够把那些曾经非正义的变成正义的吗？我认为不能，因为效力不是时间的问题，而是穿越时间的事物的问题。因此，如果该受诅咒者的抱怨是非正义的，因为他们与被诅咒者拥有同样的知识，所以被诅咒者的抱怨也是非正义的。那么设想有这么一个人，他现在应该受到诅咒；这时让他的眼睛和灵魂看到地狱全部的恐怖和深渊，并补充说，如果他继续以同样的方式行事，他也会出现在那个注定永远折磨他的角落。那个经受和看到这些的人还会抱怨上帝或事物的本性，把它们说成是他受到的诅咒的原因吗？

神学家：在这种情况下，他肯定不会这么去做，因为有人可能会立刻回应说，如果他有这样的意愿，他可以避免被诅咒。①

哲学家：这正是我的意思。因此，我们假定还是这一个人，他仍旧以同样的方式行事，并且（按照假设）受到了诅咒。那么在这种情况下，他还会重新出现同样的那些早已没有任何正当理由的抱怨吗？他还会把他的痛苦归罪于他自身意志之外的其他东西吗？

神学家：你只是让我有些不知所措，没有让我感到满意。**91**

哲学家：一旦你清楚地认识到了这个问题，我保证你会满

① 斯泰诺：但是，考虑到所设定的事物序列，他根本就没有选择的余地。
莱布尼茨：我说的是，如果他有这样的意愿，他可以避免。但他不会有这样的意愿。因此，就这一点来说，我的看法与普遍的看法一致，因为上帝预见到他无论如何都不会有这样的意愿。

意的。

神学家：我承认他会把一切都归罪于他自身的意志，但他会把他的意志归罪于命运，也就是说，归罪于上帝，或至少，如你所说，归罪于事物的本性。

哲学家：我之前曾对你说过，对立面蕴含着矛盾；我还说[81]过，任何人都不愿使自己变得邪恶，**否则在他让自己变得邪恶之前，他就已经是邪恶的了**。任何人都不是他自身意志的自发的原因，因为无论一个人意愿去意愿什么，他都是早已有了【138】对它的意愿，正如，根据法律规定，"凡是有能力使自己有能力的，他就已经有能力了"。因此，如果接受了这个托词，那就必须从事物本性中移除惩罚；没有人意愿邪恶，没有人应该受到惩罚，没有人会找不到一个托词。

神学家：然后呢？

哲学家：然后就是，在每一次涉及施加惩罚的审判中，只要我们相信有一种为大家所公认的深思熟虑的、邪恶的意志就足够了，不必在意它来自何处。**92** 因此，那些为了避免惩罚而批评神的正义的人是想超越恶人确定的意志，即进入无限，但这太愚蠢了。

神学家：你已经使我相信根本就不存在为被诅咒者开脱的借口，他们也没有抱怨的理由。不过他们有理由去愤怒，或更确切地说，他们有理由去抱怨，但他们却没什么可抱怨的。他们的愤怒就像是狗对石头的愤怒，就像是无能的赌徒对运气的愤怒，绝望的人对他们自己的愤怒。其实，他们就是对普遍的和谐感到愤怒，而普遍的和谐与事物的本性一致，也就是说与理念一致，它是事物的进程的原因。毫无疑问，这种愤怒是愚蠢的，因为这就像一个计算能力很差的人，意识到答案与他的运算不符之后，他对算术而不是他自己感到愤怒，对3乘以3等于9而不是等于10（因为事物的和谐同样建立在这种必要的比例上）徒劳无益地感到气愤一样。因此，他们有着毫无理由的愤怒，他们有着挥之不去的悲伤，还有着他们无法使自己接受也不能将其撇在一边的抱怨——这些显著的附加物加剧了那种狂乱的不幸，而正是通过这种不幸，他们受到的诅咒将从根本上被保留下来。

哲学家：太精彩了！被诅咒者的悲伤挥之不去，如果可以这么说的话，他们肯定会心情舒畅，也就不可能以某种自己可以接受的方式来满足自己的抱怨了。这就是我为了可以让你彻底信服而想对你说的话。事实上，我想补充的是，他们决不会从今往后永远受诅咒。他们总是该受到诅咒；他们也总能够获得自由，但他们却从来都不意愿自由。所以，因为他们的良心不断地抗议，他们不可能持续不断地、毫无矛盾地抱怨。

神学家：你这是在打哑谜。

[83]　　**哲学家**：毋宁说，正如其他人更喜欢讲的那样，这是悖论。

神学家：这不重要。反正就我们两个人，你就揭开你的面纱吧！

哲学家：事实上，如果你留心注意的话，你会发现我早就

102

揭开了。你应该还记得，就在刚才，我们就大罪的本性——即
受诅咒的根据——达成了共识。

神学家：请重复一遍，并把它运用到当前的例子中。

哲学家：你是不是忘了当你问及犹大被罚下地狱的理由时
我是怎么回答你的？我觉得很有必要再重复一遍，因为它们特
别适合我们眼下的目标。你曾经问过我之所以被罚下地狱的
理由。我的回答是：**93 垂死之人的状态，即他强烈地仇恨上
帝——他死后的状态。因为灵魂从死亡那一刻开始直到它恢复
它的身体之前都不会向新的外部感觉开放，它把注意力仅仅集
中在了它最后的想法上，所以它不会改变而只会延续死亡时的
状态。但是，由于仇恨上帝，也就是说，由于仇恨最幸福的存
在者，所以最大的悲哀随之出现了。因为正如爱就是乐于看到
他所爱的人得到幸福，同样仇恨就是不想看到他所恨的人得到
幸福。因此，最大的悲哀源于对最大的幸福的仇恨。最大的悲
哀莫过于痛苦，或被罚下地狱。因此，死时仇恨上帝的人就是
诅咒自己下地狱的人。我确信这些话已经足以说明问题**，因为
它们甚至为基于仇恨程度的痛苦程度提供了理由，为基于仇恨
对象的仇恨程度提供了理由。

【139】

神学家：但在这里你提到一个更复杂的情况，即他们总是
应该得到诅咒，但却从未被诅咒。

哲学家：我是这样来理解这一点的。正如一切运动的东西
都不会停留在原地而是永远朝着一个地方运动，同样，他们也
决不会被这样诅咒，即虽然他们有意愿，但他们却还是应该受

到诅咒，也就是说，他们还是一再地诅咒自己。**94**

    神学家：我希望你能够证明这一点。

    哲学家：这很容易。如果有人因为仇恨上帝，所以诅咒自己，那么通过那种仇恨的延续甚至增强，他将延续和增强他自身受到的诅咒。正如蒙福之人在被上帝所承认，也就是说，被普遍的和谐与最高的理由所承认，并且就像集中于一次荣福直观那样紧紧地抓住了它，然而，因为他们通过更明确地反思自身快乐的基本原理使他们的快乐得到了无限的倍增（如果没有持久的新颖性和进步，就不会有思想，因此也不会快乐），他们有了无尽的快乐之后，他们通过不断地增加神佑将永远蒙福。同样地，那些怒不可遏地仇恨事物本性的人，他们越是增加他们关于受造物的知识，由于这种知识的恶魔般的后果，他们就越会无休止地被引起愤慨、仇恨、嫉妒——总而言之，疯狂——的新质料所激怒。

    神学家：毫无疑问，你对你的假说的描述很迷人，不过，请允许我再问两个问题。

    哲学家：只要你愿意，你可以随便问。

    神学家：第一个问题只是顺便提一提；第二个问题则是一个根本性的问题。你刚才说，就像痛苦在一种情况下会持续不断地增加一样，幸福在另一种情况下也会持续不断地增加。但是，我还不明白对神的本质的直观怎么会增加，因为既然是本质，那么它就是完整的，既然是完整的，它就不可能增加。

    哲学家：即使是完整的知识也会增加，但不是通过新的质

[85]

料而是通过新的反思来增加。**95** 当你考虑出现在你面前的个位数 9 时，你已经完整地理解了数字 9 的本质。然而，即使你有了关于质料这一所有属性的基础的知识，你仍有可能没有关于它们的形式的知识或反思。因为即使你没有注意到 3 乘以 3，4 加 5，6 加 3，7 加 2，乃至数以千计的其他的组合都等于 9，你仍然可以思考数字 9 的本质。我的意思并不是比较数字 9 与它之外的其他个位数，因为这样的话，不仅改变了思想的形式，也改变了思想的质料，再者，这些属性已不再是数字 9 的属性，而是成了两个数字形成的组合的属性。这不适用于上帝，祂不能被拿来与祂之外的任何事物进行比较，因为祂拥有一切。所以，我会举一个无需与外在事物比较就表现出无限属性的有限事物的例子。比如，圆，如果你知道所有从圆心到 **【140】** 圆周的直线都相等，那么在我看来，你已经充分清楚地理解了它的本质。不过，这并不意味着，你已经理解了数不胜数的定理，因为就像数字那样，有大量不同的图形甚至有规则的图形可以内接于圆（也就是说，即使它们没有被标识出来，它们也早已包含在其中了）。因此，圆包含着无数的图形，它们无一不为研究者得出定理提供大量质料。

神学家：我承认，我经常在思量，当灵魂仿佛陷入了瘫痪，被固定在了一个单纯的、不变的凝视之中时，这种荣福直观的快乐建立在什么之上。你不仅极其顺利地驱散了我的疑团，还把**新颖性**与**完整性**统一在了一起。不过，我只是顺便 [87] 问一下这个问题。我想主要介绍一下另一个需要调查研究的问题：把灵魂划分开来，使有些灵魂因上帝的爱而激情燃烧而另一些灵魂却被驱使到对它们来说致命的仇恨中的根源是什么？这个分割点是什么？或者如果可以这么说，即考虑到差异往往以外观为根据，但那些被诅咒的人与那些蒙福的人太过相似，以至于我们常常会把其中一个当成另一个，那么他们主要的差异是什么？**96**

    哲学家：我的朋友，你问的都是些哲学可能无法胜任的重大问题。

    神学家：尽管如此，你不妨先试一试，因为只要理性有自己的补救措施，它就被允许向前推进。**97** 到目前为止，你在整个讨论中还没有开始用世俗之手触碰启示问题，当然我也没提起过。**98**

    哲学家：你先听一听我经过深思熟虑后最终提出的见解。①你肯定知道在这个世界上，就像在一个共和国那样，通常有两种人，**其中一种人对现状感到满足，另一种人却对它充满敌意**。这并不是说心满意足的前者不会每天努力去做事，而是说他们并不谋求赢得、占有和增加自己的运气、朋友、权力、快乐以及声望，否则他们就会神情木然，而不是满足。**99** 当然了，当他们不能成功时，他们不会因此将他们的仇恨转嫁到阻碍其计划的政体上，也不会制定发动革命的计划。相反，他们会以平静的心态继续他们不间断的生命历程，他们受到的干扰

① 在 LB 版第一页的顶端写道：西奥菲勒斯**与伊皮斯德曼关于上帝的正义与预定论的关系及与之相关的其他方面的讨论的片段**。

并不比他们试图抓住一只设法逃过一劫的苍蝇但却徒劳无功所造成的干扰多。对好公民与坏公民所作的这一完全有效的区分必须被更严格地应用于上帝主宰的宇宙共和国。

神学家：是的，这毫无疑问。因为在一个共和国里，我们不能保证某些主体的痛苦将永远不会来自法律本身，除了人类不可能实现的最好的共和国之外。所以人们会考虑改变法律，因为改变法律对他们来说很有必要。但在宇宙共和国里，也就是说，在上帝统治的最好的共和国里，没有人是痛苦的，除非他意愿痛苦。**100**

哲学家：确实如此。因此世界上一切愤慨都是非正义的，灵魂的一切情绪，除平静安宁之外，都无法避免错误。①② 即使以一种让你痛苦的方式去渴望，如果得不到满足，它也是一种罪，一种隐蔽的对上帝、对事物现状、对事物的现状所依赖的序列与普遍和谐的愤怒。

[89]

【141】

神学家：但是，那些被剥夺了成功的机会的人不可能免遭痛苦。

哲学家：**存在于形体**之中的是**努力**（conatus），存在于心灵之中的是情感。**101** 不过，有些努力占了上风，而其他努力则被相反的努力抵消了。如果一个形体努力自东向西运动，但与此同时，沿着同一条直线，它却被一个自西向东的等量的力

---

① 在 LA 版页边的空白处、脚注的旁边写道：注意、注意、注意。

② 斯泰诺：但这该如何与体系保持一致呢？

莱布尼茨：这表明我的批评者并没有理解我的体系。

向后推，那么因为相反的努力相等，所以它不会朝任何方向运动。同样，心灵最初的情感和意向不可能被毁掉，但它们却有可能被相反的情感所抵消，那么结果就是它们不会产生效果。因此，某些欲望受挫的人在那一刻就会很痛苦，但是，如果他满足于对世界的治理，他就不会再痛苦了，因为他会立刻想到，**凡是存在的就是最好的，不管是就它本身而言，还是对那些承认这一点的人来说，都是如此，因此，对那些爱上帝的人来说，一切都会变好**。① 由于这个原因，可以肯定的是，所有那些不满于对我们的世界的治理的人，对他们来说，上帝似乎可以使某些事物变得更好些。此外，那些声称以事物无序这个假设为基础为无神论寻找论据的人是上帝的仇敌。因此，很明显，甚至是无神论者也仇恨上帝。因为不管他们怎么想、怎么说，只要事物的本性和现状使他们不高兴了，他们就恨上帝，即使他们不把他们所恨的称为上帝。

神学家：如果我们以这种方式进行哲学探讨，那么即使是试着去改善事物也是不允许的。

哲学家：相反，这不仅是正义的、被允许的，实际上也是必要的，否则我们就会退回到我们之前所拒绝的懒惰理性的诡辩之中。② 因此，对过去的事件感到满足是爱上帝的人——即

---

① 斯泰诺：但按照他所倡导的体系，他怎么可能得出这种思想呢？
　　莱布尼茨：我的批评者在阅读前文时一定非常仓促。
② 斯泰诺：如果我因为事物的序列而不能有其他的选择，那么你对懒惰理性的诡辩的指控就是无效的。

爱普遍和谐的人——的一个典型特征。因为这些事情现在不 [91]
可能不发生，所以可以肯定的是，上帝意愿它们发生，因此，
它们也是最好的。但是，就未来的事件而言，由于我们在很大
程度上事先明显缺乏对它们的判断，所以每个人在深思熟虑 【142】
和良心方面仍然有勤奋的余地。**102** 因此，如果某个热爱上帝
的人认真考虑了他自己的或其他人的、私人的或公众的某种恶
行，以便消除或克服它，他一定会认为过去不应该对其进行补
救，但他却会觉得现在应该对其进行补救。在我看来，他会一
直这么觉得，直到相反的情况被他的失败所证实。不过，这种
失败不会使他厌倦为未来而努力，也不会使他的努力付诸东
流，因为我们没资格给上帝规定适当的时机，但只有那些坚持
不懈的人才能最终得胜。**因此，对过去感到满足并努力使未来
变得最好，这是爱上帝的人的一个典型特征。**只有这样的人，
才能得到严谨的哲学家所要求的心灵的平静，以及神秘的神学
家所要求的对上帝的一切的顺从。凡是看法不同的人，不管他
说什么，哪怕是说**信仰**、**慈善**、**上帝**、**邻居**，那也只是停留在
嘴上，他既不了解上帝——他不认为祂是万物最高的根据——
也不爱上帝。**103** 不了解上帝的人不可能恰如其分地爱上帝，
但不了解上帝的人却有可能仇恨上帝。因此，凡是仇恨事物的
本性、事物的现状、世界的，也就是仇恨上帝。凡是想让事物
变成另一个样子的，也就是喜欢一个不一样的上帝。**凡是死时
不满于现状的人，也就是死时仇恨上帝的人。**他现在沿着他刚
开始的路走着，似乎正在朝悬崖走去；他没有受到外在事物的

阻拦，因为通向其感官的入口被封死了，他只能自己滋养他那已经退回自身的灵魂，但紧接着对事物的仇恨就开始了，然后痛苦和蔑视也出现了，随之而来的是，愤慨、嫉妒和不快也逐渐地多了起来。如果他的灵魂与身体又结合在了一起，他的感觉又恢复了，他就会无休止地寻找新的质料来表达轻蔑、不满和愤怒；而他受的折磨越多，他改变的可能性就越小，他也就越要忍受令他不快的事物。但是，疼痛在某种程度上转化成了快乐；而这些可怜虫却为找到了折磨自己的事物感到庆幸。正如在人类中，那些不幸的人在嫉妒那些幸福的人的同时却试图批评幸福的人，但结果只是他们自己被激怒了，因为在他们看来，那些幸福的人极其无能，但却掌控着事态的发展；因此，他们更加不受控制、不受约束的痛苦变成了一种和谐，即

[93] 一种理性的假象。因为在这种嫉妒的人、愤怒的人、不满于现状的人那里，快乐与痛苦以一种奇怪的方式混合在了一起，所以就像他们乐于相信自己的智慧一样，他们也会因为缺乏力量——他们认为，他们应该拥有这种力量，但它被那些不配拥有的人占有了——而承受更加抑制不住的痛苦。因此，你现在就可以解释那个令人惊讶的悖论了，也就是如我所说的那样，任何人都不会被诅咒，除非有人意愿被诅咒，任何人也都不会一直被诅咒，除非有人不断地诅咒自己。被诅咒者绝不是永远被诅咒；他们总是应该得到诅咒。他们被这种执拗、这种对欲

【143】 望的歪曲、这种对上帝的厌恶所诅咒，所以他们所享受的无非就是一些让他们受苦的东西，他们所寻求的无非就是找出一

个生气的理由。这是理性疯狂的极点，它是有意的、无可救药的、绝望的、永恒的。因此，被诅咒者既不想也永远不可能把前面我们归因于他们的那些抱怨当成他们痛苦的创造者，也不可能把对本性、普遍和谐或上帝的控诉当成他们痛苦的创造者。

神学家：不朽的上帝啊！你竟把悖论变成了可能之事。我承认**神圣的教父们并没有回避**这种解释。虔诚的古人仅仅以一个简单而睿智的寓言就总结了被诅咒者的本性。一位似乎沉醉于自己深刻沉思的隐士——我忘了是哪一个——突然因为如此多的受造物不得不走向灭亡郑重其事地恸哭了起来。① 因此，他向上帝祈祷，并真诚地向上帝请愿道："噢，上帝，您在沉思这么多的婴儿被毁灭时不落泪吗？请准许那些把那么多的灵魂拖进深渊的可怜的魔鬼享有您的恩典吧！"全能的存在以一种使天空和风暴安静下来的表情平心静气地对那位因此哭泣的隐士说道："我知道你心地纯朴，我的孩子，我也能体谅你 [95]

---

① 在 LB 的页边的空白处写道：关于基督与魔鬼之间达成的协定，菲利普·博斯基耶（Philippe Bosquier）曾这样写道："你曾多次听到大雅各（Brother Jacob）在波隆纳布道，说圣·马卡里乌斯（Saint Macarius）想在上帝与魔鬼之间讲和。而主对马卡里乌斯说：'如果魔鬼愿意公开陈述他的罪过，我就宽恕他。'马卡里乌斯回去见魔鬼，把主的话告诉了他。魔鬼回答说：'正相反，被钉在十字架上的那个家伙必须跪在我面前，并陈述 的罪过，因为正是 让我们在地狱里待了这么多年。'这时，马卡里乌斯说道：'你走吧，撒旦。'他把魔鬼赶了出来，而魔鬼从此以后再也没有出现在他的面前。"参见 Philippe Bosquier, *Antiquitates Franciscanae*, Cologne, 1625, part.1, chapt.97, p.186。

充沛的情感，于我而言，事实上，没有任何障碍。你只要能把那些寻求宽恕的魔鬼叫来就行。"当时，隐士满怀崇拜地说道："愿您得福，噢，慈爱之父，噢，不竭恩典之泉！如果您允许，我现在就去见那些令自己难过也让其他人难过的魔鬼，去见那些到目前为止还不知道今日幸福降临的魔鬼。"离开之后，他遇到了魔王，并立刻向这位不寻常的客人发起了攻击，他说道："啊，你真幸福；啊，你真幸运，救赎的大门自混沌初开以来一直对你紧闭，但今天却为你敞开了。来吧，来抱怨那已被代表那些反叛了这么多世纪的魔鬼的可怜的隐士的哀求所说服的上帝的残忍吧！"就像那些愤怒、险恶的魔鬼一样，魔王说道："是谁指定你为我们的代表的？又是谁使你产生了如此愚蠢的同情心？傻瓜，你要知道，我们不需要你做我们的调解者，也不需要上帝做我们的赦免者。"

【144】

　　隐士：噢，太顽固了！噢，太无知了！我恳求你，不要讲了，我们一起讨论吧。

　　别西卜：毫无疑问，你又要教导我。

　　隐士：花你少许时间去倾听一个渴望把最好的留给大家的可怜之人的讲话，这是多么不值一提啊！

　　别西卜：那么你想说什么呢？

　　隐士：你应该知道我与上帝讨论了你的救赎。

　　别西卜：你？与上帝？噢，天国的耻辱；噢，世界的耻辱；噢，宇宙的耻辱！难道不是祂执掌万物，不是祂要求天使在这样一个在大地的寄生虫中间滥用能力的权威面前颤栗吗？我真想破口大骂。

隐士：唉，我们正站在和解的门槛上，你就不要再讥讽了。

别西卜：我确实要疯了。

隐士：一旦你意识到了上帝那等候孩子回来的胸怀有多么温暖，你就会重新回归自我。

别西卜：祂如此不义地、残酷地对待我们，怎么可能真想与我们达成和解呢？是祂无数次地伤害了我们，难道祂幡然醒悟了？是祂想被认可为全知的存在，难道祂要承认错误了？正是祂想被认可为全能的存在，难道祂要贬低自己了？再就是，唉，你认为我要付出多大的代价才能最终得到这种和平呢？

隐士：你只需请求宽恕，而这将扑灭你的愤怒，使你遗忘仇恨，并淹没你对过去所作所为的记忆，就像把它们淹没在了深海之中一样。

别西卜：如果是这样，那么你可以告知上帝，我已经准备 [97]
好了接受祂的友善。

隐士：真的？

别西卜：不要怀疑。

隐士：你可别拿这事开玩笑。

别西卜：去吧，了结这件事吧！

隐士：啊，我太高兴了；噢，真是喜气洋洋的日子，你们这些家伙自由了，称颂上帝吧！

上帝：看你手舞足蹈的样子，你给我带来了什么好消息？

隐士：噢，圣父，任务完成了！从今往后，我们上帝和祂的基督的统治、权力、救赎、威力、尊贵、荣耀也就完满了，因为那个天天控诉我们、昼夜呼求我们灭亡的魔鬼改变了信仰。

上帝：什么？你有没有把请求宽恕这个条件考虑进来？

隐士：他已经接受了。

上帝：你要谨慎，不要被骗了。

隐士：我会带他来完成这个任务。

上帝：但注意，我们要预先准备好措辞。

隐士：您说吧，我记一下。

上帝：你告诉那些渴望得到我恩典的人在我的宝座前要用这些庄严的字眼："我不只是言语上承认，我是发自内心地承认，因为我自身道德败坏，我成了我自身痛苦的根源，如果没有您妙不可言的同情终结我的愚蠢的话，我将会使它永恒地存在下去。现如今，在我通过平静的心灵知觉到了光明与黑暗之间的差别之后，我宁愿忍受一切绝望的处境，也不愿因为反复不断的犯罪而回到这种状态，事物的本性再没有比这更可怕的了。"

隐士：我记下了，我现在就去，更确切地说，我现在就飞过去。

别西卜：难道你有翅膀？

隐士：我激动得飞奔了过来。这是请求宽恕的措辞。

别西卜：如果你允许，我想读一下。不过，什么时候履行这个条件？

隐士：只要你想，随时都可以。

别西卜：好像障碍在我似的。

隐士：那么走吧，我们到上帝的宝座前吧！

别西卜：什么？你没事吧？我到他那儿，难道不是应该祂到我这儿吗？

隐士：不要在这个严肃的问题上开玩笑。　　　　　　　　[99]

别西卜：难道不是请求宽恕的应该更主动吗？

隐士：那咱们走吧！

别西卜：你疯了。

隐士：难道你不打算请求宽恕吗？

别西卜：这就是你所承诺的吗？

隐士：就算是梦中人也不会觉得还有其他的可能吧！　　　【145】

别西卜：难道不是我被冒犯了吗？难道我应该在那个暴君面前谦卑些吗？哦，你可真是一个出色的调解者！哦，你可真是一个麻烦制造者！哦，你可真是一个典型的推诿者！

隐士：啊，你在干什么？

别西卜：

毒药渗入了我们的四肢，狂怒亦穿透了我们所有的关节

疯狂地横冲直撞；恶行必须堆积在恶行之上。

这样我们才能变得纯粹。暴怒者唯一的祭品

就是敌人的苦难。我所热衷的是，使他化为乌有，

活活地将其撕碎，撕成万千的碎片，

使它们成为我自身悲伤为数众多的例证，

所以，当复活的号角吹响时，

他早已没了肉体。**104**

隐士：上帝啊，帮帮我吧。

别西卜：阿佛纳斯湖灰白的洞口，还有你泰纳伦海角。105

隐士：他消失了，这下我可以松一口气了。这个可怜虫在临终遗言中留下了一个遗嘱，而它可以说明他将去往何处。哦，亡命之徒！哦，上帝的敌人，宇宙的敌人，自己的敌人。让这个该受诅咒的家伙走吧，让他们继续疯狂吧，这是他们自己决定的。但我的上帝啊，我要将颂赞、尊贵和荣耀都归于您，因为您认为在同一行动中把您的仁慈和正义如此慷慨地展现给您的仆人是值得的。您已经消除了所有那些质疑您并竭力证明您不公正或缺乏力量的诱因。现在，我的灵魂很平静，它沐浴在您美丽的光芒之下，享受无穷无尽的快乐。

我们的隐士如是说，而我也同意他的说法。

哲学家：你用一段迷人的插曲对我们激烈的争论进行了润色，或更确切地说，你用一段收场白结束了我们的争论。那么就目前而言，如果我没有弄错的话，我们可以安全地结束争论了吧！

神学家：请允许我再问一个问题。我承认，你已经证明了这一点，即被诅咒者既不能去抱怨也不想去抱怨上帝、世界、其他一切。但还有一个问题，那就是，对上帝来说，去满足 [101] 对这个神秘的判决感到惊讶的其他心灵，实际上，对祂来说，就是去满足祂自己。**106** 因为虽然，从前面的假设来看，我似乎在远处——似乎还有很长的路要走——看到了解决这个问题的方法，但我还是愿意听一听你的总结。

哲学家：那么，现在人们还有什么可抱怨的呢？因为，除非事物的序列是其所是，否则上帝和一切蒙福之人不只是得不到祝福，甚至有可能都不存在。**107**

神学家：我承认没人会抱怨，但有些人却可能会对这两点感到疑惑：**第一，为什么世界秩序在任何人都不被诅咒的情况下就建立不起来；第二，为什么事物的环境把这个而不是那个灵魂安放在了这堆而不是那堆肉体里，使它变得不幸，更确切地说，意愿它的不幸。**

哲学家：第一个问题最容易回答同时也最难回答。如果当 **【146】** 我断言它是最好的方式并符合普遍的和谐，这一点可以通过它的造物，以及如经院哲学家所说的那样，后天地通过它的存在这一事实得到说明时，你觉得满意，那么这个问题就是最容易回答的问题。因为凡是存在的就是最好的或和谐的。**108** 这可以通过一个颠扑不破的证明来证实，因为事物第一动力因也是唯一动力因是心灵，心灵的原因，也就是说，心灵行动的原因，或事物的目的，是和谐，而就最完满的心灵而言，其原因

就是最大的和谐。① 但是，如果你不满足于这一推理，希望这个带来如此多奇迹的和谐本身向你显现，希望可以先天地证明"这种和谐以这种方式出现在世界上"是一个理性问题，那么你这就是要求至今尚不明白上帝的荣福直观秘密的人类去完成不可能完成的任务。**109**

　　神学家：要是能够使人们毫不含糊地确信世界就像你所证实的那样就好了，即凡是存在的，只要考虑到事物的总体，就是最好的。毫无疑问，如果每个人都相信这一点，我们就会有更少的罪恶；如果他们总能记住这一点，那将不再有罪恶。② 每个人都将爱创造者。无神论者将闭上嘴巴，那些对天意吹毛求疵的愚蠢的批评者，即那些只是听了一首歌的几个节拍就轻率地对整个旋律做出不合理判断的批评者，也将被迫保持沉默。**110** 因为他们没有意识到，在这接近无限的事物中，可以说，世界中叠着世界（因为连续体是无限可分的），那些至今仍不纯粹的凡人不可

[103]

---

① 斯泰诺：但事物的和谐来源于何处？为什么它不是来源于那建立不同事物的秩序的心灵本身呢？再就是，为什么不准承认对一致与分歧的预知是最完满的知识的证据。
　　莱布尼茨：他没有读懂我的意思。事物的和谐是某种理想的东西，也就是说，它早就在可能的事物之中体现了出来，因为可能的事物的某一序列比其他的序列更加和谐。

② 斯泰诺：那么我们就会得到另一个序列。因此，作者本身只要可以选择另一个序列，他就不会满足于一个特定的序列。
　　莱布尼茨：这是一个荒谬的反对意见。我们在将来的事情上做了选择，因为我们不知道上帝对它们做了什么决定。但我们并没有因此就选择了一个不同的序列。

能掌握整个旋律。他们没有认识到这些穿插在不同部分的不协和音使宇宙的协和音变得更加优美了。就像两个奇数组合成一个偶数那样，和谐的本质也是如此，即不和谐的差异性通过一个表面上看来出乎意料的统一性极好地得到了补偿。① 不仅那些写歌的人，甚至那些为了使人欢欣而胡编乱造故事——所谓的小说——的人都将其视为一种艺术准则。不过，还有一个问题需要你去澄清：既然灵魂本身彼此很相似，或如那些经院哲学家所说，它们要么就只是在号数上（numerically）有差异，要么就肯定只是在程度上有差异，因此，只能通过外部印象加以区分，那么差异性可以在那种普遍和谐中存在的理由是什么，为什么这个而不是那些灵魂暴露在了腐化意志的环境下，再就是（同样），为什么它在这个时候被指派到了这个地方？ **111**

【147】

哲学家：这个问题看上去很难回答，更多的是因为这种扭曲的问问题的方式，而不是因为这个问题本身很难。它触及到了一个非常棘手的问题，即**个体化原则，111** 也就是说，事物只在号数上有差异的原则。假设有两个彼此相似甚至连天使（在最大可能的相似的假设下）也看不到任何差异的鸡蛋，然而，谁又能否认它们之间有差异呢？ **113** 至少，它们在这一点上有差异：其中一个是这一个，另一个是那一个，也就是说，它们在**个体性**（haecceity）上有差异，**114** 或因为它们是一个事物和另一个事物，也就是说，因为它们**在号数上有差异**。但

---

① 在 LB 页边的空白处写道：1 加 3 等于 4。

是当我们号数时，也就是说，当我们说**这一个**（因为**号数**就是重复说**这一个**）时，对我们而言意味着什么。**这一个**是什么？它确定了某物的哪些方面？除了对时间和空间的知觉，也就是说，对运动的知觉，一方面，对某一给定事物与我们或与先行确定的事物的关系的知觉，另一方面，对我们自身运动（举例来讲，我们用来指向某种事物的手或手指的运动）的知觉，或对某个先行确定的事物（比如，一根可用来指向某一给定事物的木棍）的运动的知觉之外，它还确定了什么？就是这样，有可能令你惊讶的是，个体化原则在事物本身之外。**115** 因为不仅仅是天使，甚至我敢说上帝（假设存在有最大的相似性）除了能够确定目前这一个在位置 A 而那一个在位置 B 之外，根本不可能确定这两个鸡蛋之间任何其他的差异。正因为如此，所以，为了使你能够连续不断地分辨它们——这正是**名称**（即一种持续的规定的）的意义所在（假定在它们上面不能写任何字，不能打任何标记，不能印任何记号，免得它们不再相似了）——你有必要把这两个鸡蛋放在某个固定的、使鸡蛋维持不变的容器中，或者，你有必要为它们制作一个容器，如果它不固定但却牢不可破，就把鸡蛋牢牢地固定在它里面，以便鸡蛋总是与某些先前印在容器上的确定的标记保持不变的关系，或最后，如果你想让它们完全不受约束，你必须通过你的眼睛或你的手或其他接触方式来持续不断地跟进每个鸡蛋在整个时间段内、在每个位置上的运动。

【148】   *神学家*：你这些话令人震惊，我相信，它们从未在任何一

[105]

个经院哲学家的脑海中出现过，甚至在他们做梦时也没有在他们脑海中出现过，但是任何人都无法否认，因为它们都来自实际经验。因为当一个人必须分辨完全相似的事物时，他不可能有其他的推理方式。但是，你从这里面能推断出什么关于灵魂的东西呢？

哲学家：什么东西？也就这点东西，即灵魂，或像我更喜欢说的那样，心灵，同样被个体化了，或者也可以说，通过空间和时间，变成了这些。只要设定了这一点，整个问题就消失了。因为问为什么这一个而不是另一个灵魂从一开始就受制于这些时空环境（生、死、救赎或诅咒的整个序列就来源于此），以及为什么它因此从一种环境来到了另一种环境（外在于它的事物序列以这种方式带来了事物），这就是问为什么这一个灵魂是这一个灵魂。设想一下，另一个灵魂就像这一个灵魂那样一开始就存在于同一时空下的相同的这一个身体（也就是说，处在同一时空的身体），那么你所谓的另一个灵魂将不是另一个，而是这一个。① 如果有人因他不是王后所生而愤怒，换言 [107]

---

① 斯泰诺：你怎么证明你的这种说法？为什么另一个灵魂在同一时空环境下不会有不同的行为？更何况作者自己也认为，如果每一个灵魂在这一个灵魂所处的环境下有同样的行为，那么这一个灵魂就不应为它自身受到的诅咒承担任何责任。再就是，我们不能因为我在灵魂中没有发现差异性的原因就说它没有原因。难道这不是试图从我对某个命题的真理性的无知中推断出它不成立吗？

莱布尼茨：这个问题很容易回答。处在同一但却无法被充分描述的环境下的同一灵魂会表现出同样的行为，因为它实际上不是另一个灵魂，而是同一个灵魂，因为没有给出任何区别。

116

之，因他的母亲没有生一个国王而愤怒，那么他就是因他自己不是另一个人而愤怒。事实上，他是因一无所有而愤怒，因为如果一切都以同样的方式出现，而他本身是国王的儿子，那么他是不会梦想着去做农民的儿子的。**117** 同样，具有决定意义的是，我避开了那些因上帝在亚当和夏娃第一次犯罪时没有立刻把他们从世界上除掉（以防他们的污点传给他们的子孙后代）和上帝没有用更好的来代替他们而愤怒的那些人的争论。因为我注意到了这样一个事实，即如果上帝这么做了，罪被消除了，那么就会产生完全不同的事物序列，完全不同的环境、人物和婚姻的组合，完全不同的人就会产生，而最终，罪被消除了或浇灭了，他们本身也就不存在了。因此，他们根本没有任何理由因亚当和夏娃犯罪而愤怒，更没有理由因上帝允许罪发生而愤怒，因为他们还得把他们自身的存在归功于上帝对那些罪恶的宽容。你可以看到人们用徒劳无益的问题来折磨自己到底到了什么样的程度。就好像一个有一半贵族血统的人对他的父亲很生气，因为他娶了一个地位不平等的女人（人们并不缺少类似的感觉，甚至还有更愚蠢的感觉），但他却没有去想这一点，即如果他父亲娶了其他女人，那么来到这个世界上就不是他，而是另外一个人。**118**

【149】　　*神学家*：我已经没有什么可问、可抱怨、可反对的了，除了在你把整个事情都弄清楚之后，我发现它竟如此出乎意料的清楚之外，也没有什么可惊奇的了。我原本想给予更多的赞扬，只是我担心人们会怀疑我们之间有勾结。

哲学家：假如其他人诚实、明智，假如他们细心，假如他们接受这些词语规定的意思而不引入别的意思，假如他们不喜欢甚至他们在梦中也不会将其归咎于创造者的扭曲的结论，假如他们不喜欢那些只是表明灵魂不安的刻薄指责，假如他们就像在照亮心灵上那样在维护神的荣耀上同样充满热情，那么就让他们替你评判吧！① [109]

---

① 在 LA 和 LB 的结尾处原本还有一些内容，但后来被删除了：

神学家：就算是你错了，但只要哪怕是虚假的指控和嫉妒从中也得不出某种异端邪说来，也无法推证那个以这种方式讲话、信仰和死去的人为什么就该受到诅咒，为什么就不能被认为是基督教会的儿子，亦不能被认为是兄弟，那就够了。

哲学家：无论如何，我都满怀信心，充满希望，我服从普遍的共识，服从教会、基督国家、古代和我们这个世纪的公认的观点，最后，我还服从任何正确推理的人。我无法阻止别人吹毛求疵，我只希望不要未经详察就预作判断。因为我希望的是，如果人们能够专心地倾听我说的话，或更确切地说，用心地阅读我的作品的话，我会使每一个人都承认我没有说过那样的话，即只要——藉由去掉那些经常令人类感到困惑的语言技巧而不是主题——把一切都尽可能简单地解释清楚就够了，没必要让所有人都承认。诚然，直到现在，我还没有提到过基督的功德、圣灵的帮助以及神恩超凡的汇聚的问题——它们依赖于神的启示。因为我们都说好了，在你反过来让我了解基督教贤者的启示奥秘之前，作为一名新信徒，我将向你阐述哲学家的神学。我们以这种方式进行，西奥菲勒斯，我的目的是为了尽量减少你的任务，使你无需花太多的精力去证明我作品中那些不容怀疑、普遍认可的东西，目的是为了使信仰与理性之间的和谐变得更加清晰，为了让人们更明显地看到那些自负有学识而蔑视宗教的人和那些以宣告启示为荣但却痛恨揭露他们无知的哲学的人到底有多愚蠢。

神学家：我欣赏你谦逊的态度，但我必须承认我从这次会面中获益良多。我很高兴从你那里找到了让那些极度厚颜无耻因而既不受人们对《圣经》的敬畏感的影响也不受舆论、权威和做出榜样的神圣教父们的影响的人，以

[111]   ## 4. 罪的创造者 **1** A VI.iii

[1673 年?]

【150】　　**就罪的创造者**这个重要的问题而言，人们普遍认为，通过宣称罪本质上只不过是一种纯粹的缺乏，不具有现实性，同时，上帝也不是缺乏的创造者，我们可以避免困难。**2** 为了达到这个目的，人们引入了这一著名的区分，即罪有物理的方面与道德的方面，不过这个区分在某种程度上被滥用了，尽管它本身是好的。举例来说，对一起盗窃来说，它的物理或实在的方面是激起盗贼贫困感的对象或赃物，是照进他的眼睛并透入到他灵魂深处的可见的光线，或是随之而起的胡思乱想、局促不安和深思熟虑，正是这些方面最后使他利用有利的条件并实施了犯罪。**3**

　　不可否认，所有这一切都是实实在在的，我们甚至可以这么说，即意志经过长时间的权衡并对所有情况逐一考察而最后做出决定，这是一个实实在在的行为，就像思想和运动一样，都属于行动，而促使我们犯罪的也正是这一最后的决定。

　　及那些依靠某种我所不知道的理由——你早就比正午的太阳更清晰地证明了它们毫无意义——的人闭嘴的办法。将来有一天（我预测它很快就会到来，也祈祷它快些到来）我会从你那里获得更多的用于解决更重大的问题的手段，所以当我们逐渐地深入到了甚至是信仰内在的东西时，完全虚幻的困难中所包含的一切搅扰灵魂并将其带入废墟的晦暗不明和光怪陆离的东西，就会被正当理性之光吓跑，就像是被驱魔术吓跑了一样。再会！

关于罪的道德的方面，人们已经说了很多，那么它表现在什么地方呢？也许有人会说，它表现为失范，或者如《圣经》所言，表现为行动与律法缺乏一致性，也即是说，它就是一种纯粹的缺乏。我赞成这种说法，但我不觉得这对于澄清我们的问题有什么帮助。至于人们说上帝不是罪的创造者，因为祂不是缺乏的创造者，尽管祂可以被称为罪中一切实在的、实有的东西的创造者——我认为，这完全就是一种错觉，是过去耽于幻想的哲学的残留物，是永远不会使理性的人称心的托词。**4** 下面，我将通过一个例子来做些说明。画家绘制了两幅画，其中一幅比较大，可以用来做壁毯的设计图样，而另一幅比较小，是一幅袖珍画。让我们来考虑一下这幅袖珍画。我们不妨这样说，对它而言，我们只需考虑两样东西，一是其实有的、实在的方面，包括桌子、背景、颜色、线条；二是其缺乏的方面，即与那幅大的画不相称的方面，也就是说，它的小。但是，说画家是这两幅画中一切实在的东西的创造者，但不是缺乏的方面的创造者，也就是说，不是巨幅画与袖珍画之间不相称的方面的创造者，这可能是一个笑话。因为基于同样的推理，或更确切地说，基于更强有力的推理，我们还可以这么说，画家可能是一幅画的创造者，或一副肖像的创造者，但却不是画与原物之间不相称的方面的创造者，也就是说，不是这种缺陷的创造者。因为，事实上，缺乏只不过是实有的方面的一个简单的结果，或必然后果，无需单独的创造者。令我惊讶的是，这些人没有更进一步去试着使我们相信这一点，即人本

【151】

[113]

身不是罪的创造者，因为他只是物理或实在方面的创造者，而缺乏是没有创造者的。**5**

最后我想对我刚刚所说的话做个总结，我认为，那些说上帝是罪中一切实在的、实有的东西的创造者的人，声称上帝是律法的创造者但却矢口否认上帝是由于律法与罪的肯定的方面缺乏一致性而产生的结果的创造者的人，他们与加尔文并没有太大的区别；他们同样把上帝当成了罪的创造者，只是没那么说罢了，尽管他们声称自己绝无此意。**6**

5. 关于自由问题对话斯泰诺 **1**　A VI.iv

【1375】　　关于自由问题对话斯泰诺

1677 年 12 月 7 日

我认为，如果没有该原则，即**任何事物都有其存在的理由**，那么上帝的存在不可能得到推证。**2** 这个原则在力学中成立，在那里它涉及另一个重量、形状和运动是否会紧随一个给定的重量、形状和运动之后，同样，该原则在非力学的必然事件中也成立，对此，我下面会讲到。事物的序列有可能是另一种情况，这一点毋庸置疑（也就是说，另一种情况并不蕴含着矛盾）。因此，即使一个原因被归结为另一个原因，直至无限，比如说，我这样是因为某一原因，而某一原因又是因为另外一个原因，以此类推直至无穷，然而，不管我们继续向前走多远，总是会出现新的问题，我们根本不可能在该序列中找到一个充足理由。因此，它必定在该序列之外。这个理由不是有形的，否则它早就被包括在那些形体中了，也就是说，它早就被包括在该序列中了。³ 因此，这个原则必须在力学之外使用。

任何事物都有其存在的理由，这个原则可以通过动力因、质料因、形式因和目的因来理解。形式因是事物的本质，也就是说，如果某物为什么存在或为什么如此这般有理由的话，那么理由就在事物本身。它适用于质料因和动力因，所以任何从一开始就处于运动状态的事物总是以同样的方式持续下去，除非事物本身有了改变的理由，或另一个施动者有了改变的理由。它也适用于目的因，所以在两个事物中选择这一个而不是那一个必须有一个真实的或明显的理由。

除非为了达到目的，否则意志永远不会采取行动。而它的目的就是显在的善。意志总是被善的显象所打动。因此，除非以这种方式选择看上去善，否则不可能在两个事物之间做出选择。 [115]

为了某个理由而行动比毫无理由地行动更完满。 【1376】

除非有一个理由，它一旦被设定了，我们就可以由此得出这样的结论，即将会出现的是如此这般而不是其对立面，否则不会有任何的行动。

信心满满地认为自己的观点正确而其他人的观点错误，并且还对后者说自己祈求上帝改变他们，这不是谦虚的表现。如果说这就是谦虚，那么为什么还会责备其他人呢？

　　意愿是有层次的，因为我们对一个事物的意愿比对另一个事物的意愿强烈。对那些看起来更好的事物，我们的意愿更强烈。因此，两个事物越是相同，我们就越不太可能对一个事物的意愿比对另一个事物的意愿更强烈，而一旦达到了最大程度的相同，我们对它们也就不再有意愿了。对于这些问题，任何人都不会产生质疑或疑虑，除非他事先就已经知道它们将被用来反对他先入为主的成见。我们可以设想，如果有这样一个差异，它比任何给定的差异都要小，那么我们就会失去意愿，也就是说，没有意愿。

　　可以肯定的是，当我们选择明显看来最好的事物时，我们意愿是因为我们有知识，不过，我们的意愿是自由的。哪怕是上帝也一样，即使祂也以这样的方式去行动，也就是说，即使完全均衡的情况永远不会出现，祂的行动也是自由的。**4**

　　如果所有可能的序列都同样完满，那么结果有可能是，即使在这样一个序列中，所有不虔诚的人都得到拯救，而所有虔诚的人都受到诅咒，它也将同样完满。

　　你回答说这是不可能的。

　　我问你为什么。

　　你说，因为这有悖于正义。

　　太精彩了——也就是说，因为这有悖于完满性。换言之，并不是所有的序列都同样完满。尽管这种情况本身是可能的，但却不可能实现，因为有悖于上帝的完满性，这是我一直以来的观点，我们由此也可以看出，所有观点最终都可以归结为我的观点。**5** 但是由于有些人似乎觉得自己应该有些不同的看法，所以他们受到了某种程度的逼迫，没有意识到他们其实诉诸于同样的东西。

相比于发现真理，发现奥古斯丁的观点要困难得多。奥古斯丁的书，詹森（Jansen）读了三遍，但有人却说，他误读了奥古斯丁。甚至还有人说他的眼睛得了白内障。

我的回答是，从此以后，我就再也不必自找麻烦地去读三遍奥古斯丁的书了，因为我可能自始至终都无法确定他的观点。**6** [117]

他说他引入了一个机械的上帝。

这是一种令人讨厌的、隐喻式的说法，不过，我们可以说得更确切一些。这句话的意思是，上帝就像时钟一样以有规律的方式活动，甚至比钟表的活动更有规律，因为钟表以有规律的方式活动的理由是上帝以有规律的方式运行，也就是说，上帝以最完满的方式运行。

他反对这一点，即如果任何事物都有其存在的理由，那么世界将会永恒，因为他认为上帝为什么没有早些把它创造出来是没有理由的。 【1377】

我的回答是，**第一**，万物都是从无中被创造出来的，而不是在随便某个时刻从早已存在的物质中被创造出来的，因为甚至物质本身也是被创造出来的。有些事物可能在过去就已经存在了，但这无所谓，因为如果是那样的话，它们会在以后被毁灭。因此，即使受造物一直以来都存在，或者即使别的世界在这个世界之前就已经存在，就像在这个世界之后还将有另一个世界一样——那又怎样？有什么问题吗？我的回答是，**第二**，我们仍然很难从这里得出什么结论，因为时间就本身而言只不过是早已存在的事物的延续。所以，如果世界开始了，那么它为何此时开始而不是更早些，这个问题就没有意义了，因为在这之前根本就没有时间。但如果你问它能否持续更长的时间，比如说，如果这个世界有 6000 年的历史，那么为什么不是 10000 年。我的回答是，**第三**，可能存在着某种我们未知的潜在的理由与和谐的比例。**7**

犹大将来犯罪的必然性在犹大存在之前就已经存在了。因此，它不是来自犹大的意志。上帝预见到了犹大将会犯罪。因此，犹大在犹大存在之前将会犯罪，这是肯定的、绝对无误的、不可避免的，也是必然的。犹大并不存在于神的理智之中，但将会犯罪的犹大的理念却存在于神的理智之中。将会犯罪的犹大的理念并不来自犹大，因为犹大尚未存在。将会犯罪的犹大的理念，不仅作为某种可能的事物的理念，同时也作为某种实际上将要到来的事物的理念，存在于神的理智之中。从该解释来看，这个理念并不来自犹大。毋宁说，犹大将会犯罪必然来源于这个理念。因此，当犹大深思熟虑是否应该背叛基督时，他必然会选择背叛，否则《圣经》就错了。当然，我所说的是假设基础上的必然性，而不是事物本身基础上的必然性。**8**

依我来看，引入这样的必然性是基于善的选择。

绝对的**必然性**指的是，一个事物实际上不可以被理解为另 [119]
外一个事物，否则它蕴含着矛盾，比如说，3 乘以 3 等于 10。**9**

假设的必然性指的是，一个事物本身但却**出于偶性**可以被
理解为**另外一个事物**，因为在它本身之外已经预先假定了其他
事物，所以它必然这样或那样。例如，犹大必然去犯罪，是因
为假定了上帝预见到了他必然去犯罪，或犹大认为犯罪是最好
的选择。

从绝对的必然性来看，事物序列不是必然的。因为还有很
多其他的序列，它们都是可能的，也就是说，都是可理解的，
即使它们实际上没有变成现实。

从假设的必然性来看，不可能的事物序列就可以得到理解 【1378】
了。10比如，在这样一个世界，所有虔诚的人都受到了诅咒，
所有不虔诚的人却都得到了拯救。

毫无疑问，这样一个世界是可理解或可设想的，但根据一
种假设的不可能性，它不可能实际存在，这并不是因为它蕴含
着矛盾，而是因为它与先行预设的上帝存在不相容，上帝的完
满性（以及随之而来的祂的正义）不可能允许这样的事物。

我们有三种知觉事物的方式，分别是经验、推理和表象。
上帝在永恒中看到了犹大将会犯罪，但不是通过经验，因为经
验仅仅关乎存在的事物；也不是通过推理，因为上帝不需要推
理。因此，是通过表象，也就是说，在理念中，上帝看到了犹
大将会犯罪，而理念就在神的理智之中，它包含着未来的情
况。**11**

犯罪的直接原因是人，因为他那时的状态就是由建立在给定的外在事物基础上的理智与意志引起的。但犯罪的在先的或间接的原因是人和对象在此之前的状态。这些间接原因构成的链条就是事物序列。它的第一因就是事物序列的第一因，也就是在神的理智中确立起来的理念秩序，而后者以这样一种方式表现了可能事物的本性，即最终选择的这个序列是最好的序列。**12**

正如音乐家不寻求本质上的不协和音，只是寻求出于偶性的不协和音。正是运用这些不协和音，随后再转向协和音，一段更加完美的旋律被创造出来，比不运用不协和音更加完美。类似地，上帝不需要罪，除非在惩罚的条件下，祂可以纠正罪，而且他需要的只是用来实现序列完满的出于偶性的罪。**13**

[121]　无论是谁，只要他拥有堕落的意志，就应该受到惩罚。堕落的意志只不过是在道德问题上堕落的判断或意见。无论是谁，只要他对实践问题有了堕落的意见，并按照这些意见行事，那么单从这点理由来看，他就应该受到惩罚，因为他的罪行并非来源于事实错误，而是来源于道德错误，也就是说，来源于令人遗憾的意见和经由深思的理由。由此可见，为了惩罚犯罪，对某个人来说，只需要让他犯罪，并让他知道这是一种犯罪。因此，不需要任何其他的自由。不管是他认为犯罪对他有好处或有益，还是他选择犯罪是因为他相信他可以不受惩罚地实施犯罪或因为他相信惩罚要比他希望从那个来路得到的要少得多，这些其实无所谓，因为即使他选择的理由是这样的意

见，他还是会受到惩罚。

罪人在最后的审判上也不会说他无力改变他自己的意见。**【1379】**
因为即使是在人类事务中，在法官们惩罚罪犯时，即使罪犯每
每想起他们由于某种不幸而犯罪时所持的令人遗憾的意见就会
感到遗憾和悲痛，法官们仍能做出正确的判决。**14**

除了这一点之外，还有一些东西阻止了被诅咒者的抱怨，
那就是，在他们被诅咒时，他们甚至都不悔过，因此，他们永
远不会抱怨。**15**

没有人会自愿让自己变得邪恶，因为否则的话，他在变得
邪恶之前就是邪恶的。**16**

是不是罪人实际上在审判之前就悔过了，他就应该永远不
被诅咒了，但这种情况却从未发生过。

我认为，曾经有一段时间，人们谈起几何学时并不比现如
今谈起形而上学时清楚多少。因此，现如今，几何学已经被很
好地建立了起来，而形而上学却还是不确定，这不足为奇。因
为我认为，终有一天，形而上学将像几何学一样被建立起来。
仅仅因为形而上学经过这么多世纪还没有被建立起来，我们绝
不能对成功丧失信心。因为我们或许仍然处于所谓的世界的婴
儿期。就像毕达哥拉斯（如果他是第一人的话）的喋喋不休的
前辈并没有使他放弃通过严格推证的方式来建立几何学一样，
我们也不应该因为目前的困惑而打消建立形而上学的念头。

反对：如果被确定无疑地预见到的一切事物都是不可避免
的，那么祈祷是没有用的，或者，正如那位著名的作家所写的

那样，**放弃通过向上帝祈祷来改变命运的希望吧！** **17**

[123] 　　我的回答是，祈祷确实对我们获得我们想要的东西有用，就像水或风对转动石磨有用一样。因为就像当上帝预见到了石磨即将转动时，祂看到这要通过风或水来实现一样，当祂预见到你将获得某种讨人喜欢的东西时，祂看到那要通过祈祷来实现。

　　所有推理的第一原则是：除非可以给出一个理由，至少全知的存在可以给出，以解释为什么任何一个事物存在而不是不存在，或为什么它以这样的方式而不是那样的方式存在，否则任何一个事物都不会存在，也不会出现。简言之，**一切事物皆有理由**。**18**

【1380】　　自由的定义——即在行动的一切必要条件都已经被设定，对象与行为主体的其他一切条件都相同的情况下，自由是采取行动或不采取行动的权力——是一种真实的幻想的产物，它违背了我所说的第一原则。**19**

　　这个自由概念在古代并不为人所知。我们在亚里士多德那里找不到任何与它相关的证据。奥古斯丁的体系完全拒绝这个概念。它与《箴言四书》（*Four Books of Sentences*）的作者彼得·隆巴迪（Petrus Lombardus）、托马斯、司各脱以及大部分早期经院哲学家也格格不入。它最早得到了晚期经院哲学家的赞扬，不过，它只是为了避免而不是消除困难。**20**

　　按照古人的说法，自由与自发的区别就像种与属的区别一样；毫无疑问，自由是理性的自发性。自发指的是行动的原则来源于行动者本身。这对自由来说同样成立。因为如果行动所有**外在的必要条件**都被设定了，自由的心灵有可能采取行动，也有可能不采取行动，就像完全出自它的意愿一样。**21**

有这样一个非常古老而又常见的信条，它认为，意志的对象是显在的善，而且除非以显在的善为基础，否则我们不会对任何事物产生渴望。

不管什么，它要么是本质上存在，也就是说，通过自身存在，要么是通过他物存在。如果它本质上存在，那么它存在的理由就来源于它自身的本性，换句话说，它的本质就包含着它的存在。这适用于一切能够以名词为基础得到推证或其对立面蕴含着矛盾的真理。如果某物通过他物而存在，那么它就有一个外在于它本身的存在的理由，换句话说，它有一个原因。因此，任何事物都有其理由，这个理由要么就是在它们自身，来自名词，比如，〈本质上〉必然的事物，要么就是有其他的来源，比如，自由和偶然的事物，或如我所说，出于偶性的或假设基础上必然的事物。

比如，当有人说犹大有可能不犯罪，也就是说，他并非必然犯罪的时候，这是从第一种必然性——即绝对的或本质上的必然性——的角度来理解，因为这个命题不存在任何前后矛盾的地方。尽管如此，它还是一种假设的必然，也就是说，它有其他的来源，因为只有如此，《圣经》上的话才能得到应验。① 　　　[125]

---

① 莱布尼茨在空白处写道：越是必然，越是完满。参见 Scaligerus lib. 11 *de caus*. l. 1. c. 166。**22**

当有人说，犯罪**一定有诱因**，也就是说，必然有诱因（不管是在给予者身上还是在接受者身上，它们肯定都是罪恶）的时候，那么他们至少可以这样说，即犯罪是必然的。但毫无疑问，这种必然性并不是本质上的，或来自名词，而是出于偶性，或来自已经被设定的外部环境。①

【1381】　就像旧事物必然成为过去一样，每一种新事物也必定、必然会到来。**24** 这并不是因为它本质上必然，而是因为它可以从当前已经被设定的环境推演出来（举例来说，因为上帝的预见；同样，因为事物的序列）。将来的一切，无论如何，都会**真的**到来；凡是**真的**肯定就是真的（对于知道它的人来说）。因此，将来的一切将来确定会到来。凡是确定的，都是不可避免的。凡是不可避免的，都是必然的。因此，将来的一切必然到来。但这之所以为真是因为出于偶性的必然性，或者我所说的假设的必然性，毫无疑问，它不会破坏偶然性或自由。**25**

我们也可以这样来解决关于预知的争论。将来的一切都被上帝预知到了。因为祂预知到了它，所以祂也就绝对无误地预知到了它。因为上帝绝对无误地知道了它，所以它绝对无误。因为它绝对无误，所以它不可避免。因为它不可避免，所以它是必然的。因此将来的一切都是必然的。不过，这之所以为真是因为这种必然性不会破坏自由或偶然性。因为，尽管将来的一切都是必然的，但它们并不是本质上必然的或绝对必然

---

①　莱布尼茨在空白处写道：关于偶然的必然性。凡不是本质上必然的事物都是偶然必然的事物。参见 Scal. exerc. 39。**23**

的，即来自名词，只不过出于偶性是必然的，或相对于某物（secundum quid）是必然的。

除将来一切偶然事件中所有承认神的预知的那些人不得不认可的必然性之外，我认为自由行动中没有任何别的必然性。

就命题而言，一切形而上学的、几何学的真理及其他可以在名词基础上得到推证的真理都是本质上必然的。但是，一切历史真理，或我所说的，事实真理，即通过经验而不是推证可以为我们所认识的真理，都是本质上偶然的，也就是说，仅仅出于偶性是必然的。**26**

就非命题性的存在物而言，只有上帝是自足的存在者，即绝对必然的存在者，祂的［本质］包含着存在。其他一切出于偶性都是必然的，正如我稍后解释的那样，如果它们是善的，那么它们出于上帝的意志是必然的，如果它们是恶的，那么它们出于上帝的允许是必然的。

［127］

如果自由行动缺少物理层面的预定，即如果上帝没有进入自由行动的实体，也就是说，如果祂没有在每一个自由行动中给予合作，那么上帝就不是所有被创造出来的存在物的第一因。而这实际上是把上帝从事物中移除了。既然自由行动是一个被创造出来的存在物，那么它就必须从上帝那里获得它自身的存在。**27**

仅仅是由于上帝预见到了这个人会选择什么，我们还不能说上帝提供了援助或进入了行动，因为，在没有选择本身所必需的其他帮助的情况下，这个人甚至不能做出选择。**28**

【1382】　　　　既恰当又准确地讲，上帝协助某个行动这种说法是错的，正确的说法是上帝创造了这个行动。因为假如上帝协助任何既定的行动，但以这样的方式，即行动不仅仅是上帝创造的，同时部分地也是人创造的，那么我们就会得出结论说，至少人的这种特殊的协助不需要上帝的合作，但这却违背了我们的假设。因为特殊的协助也是一种行动，所以最终的结论是，就像宇宙中的一切受造物一样，所有的行动也都是上帝创造的。袖每次创造事物的一半，分两次创造了整体。或者，更确切地说，袖创造了事物的一半，接着创造了剩下的一半的一半，接着又创造了剩下的一半的一半的一半，直至无限，最终创造了整体。这就发生在一切依上帝的运行模式而定的行动当中。假如上帝与人协助了某个行动，那么上帝也必然协助了人的这种协助，而这将继续下去，直至无限（不过，这绝不是重复），或者从一开始我们就完全可以这么说，上帝实际上创造了行动，即使行动的是人。**29**

罪是一种被创造出来的事物，而每一种被创造出来的事物都会被上帝持续地创造出来，因此，即使对罪来说，也同样如此，也就是说，就行动的实体而言〈——换言之，就事物的实有的方面而言〉，在我们立志行事时，上帝在我们心里运行。**30**

如果我们假定保持乃持续创造，那么我们也会得出相同的结论。因为上帝在任何给定的时刻都像创造新人一样创造人，所以人在犯罪时，上帝创造了犯罪的人，也就是说，袖创造了人，也创造了罪。**31**

绝对地讲，任何事物都不是恶的，也就是说，任何令上帝 [129]
不悦的事物都不可能出现，否则上帝就不是全能的。**32**

当我说上帝会对付罪或因它们而愤怒时，我的意思是上帝
允许罪，但只有在惩罚的前提下才允许。

我们可以在某种意义上说，上帝是出于偶性的罪的创造
者，也就是说，上帝意愿出于偶性的罪，就像一个音乐家意愿
不协和音一样。因为我们不妨这样来考虑这个例子，即旋律
的完美需要不协和音混入，随即不协和音得到补偿；或者，我
们不妨这样来考虑，即当出现这些不协和音时，令人更加愉悦
的和声会随之到来，并且比起只有协和音时，协和音会出乎意
料地得到修复。在这种情况下，我认为，音乐家可以说是出于
偶性的不协和音的创造者，或者说，他意愿出于偶性的不协和
音，也就是说，他并没有意愿它们，而是允许它们。因为他并
没有意愿本质上的不协和音，毋宁说，如果能够得到完美的旋
律，他随时都可以避免不协和音。可是，他允许不协和音，并 【1383】
不是迫于无奈，而是心甘情愿，不过，他只是允许出于偶性的
不协和音，也就是说，他允许它，不是因为它自身的本性，而
是因为它的协助会使整体变得更加完美。所以，上帝忍受并允
许罪，并不是出于无奈；不过，祂意愿出于偶性的罪，因为祂
知道，通过把它们包括进来并以不可思议的方式来弥补，序列
将变得更加完满。因此，罪的最终根据不是慈爱的上帝的意志
本身，而是事物普遍完满的本性，它要求一幅画应该通过阴影

来衬托，旋律应该通过不协和音来激活，因为旋律可以通过不协和音转变为协和音来增加乐趣。**33**

如果选择最好的事物的必然性会破坏自由，那么由此可以断定，上帝、天使、有福的人以及我们自身都将无法自由地行动，因为我们决心采取行动是出于实在或显在的更高的善。既然不论何时只要一个事物比另一个事物更完满，上帝都会必然地〈不过，同时也是自由地〉选择最完满的事物，那么由此可得，〈如果更完满的事物总是被不断地创造出来的话，〉祂的自由将被保留下来，〈也就是说，〉即使从两个同等完满的事物中选择其一这种情况在没有理由的前提下决不存在也不可能存在。

如果上帝毫无理由地意愿某物，那么祂的行动与意志就是不完满的，因为一切理智的实体，如果它不从理智出发来采取行动，它的行动就是不完满的。

严格意义上讲，选择就是从几个事物中挑选或选出看似最好的。你提出了这样一种情况，即有两个正好相反的事物，A和B，它们不能同时保留。接着提出，选择这一个或另一个是必然的。最后又提出，选择这一个而非另一个是没有理由的。

[131]

而我想说的是，这三个假设构成的这种情况蕴含着一个矛盾。

但你总是说促使行为主体必须选择这一个或另一个的原因同时也是促使这一个或另一个将被选择的原因。

我的回答是，这个一般性的理由不完整，或者说不充分。因为它确实是促使A或B将被选择的原因，但它却不是促使选择 A 而不选择 B 的原因，也不是促使选择 B 而不选择 A 的原因。

6. 中间知识 ¹ A VI.iv

中间知识 【1373】

1677 年 11 月

一切事物都有其存在的理由，这一最高原则为形而上学中的许多争论画上了句号。因为在我看来，经院哲学家无法否认这一点，即如果上帝愿意，祂可以就一切的发生给出一个它为什么发生了而不是没有发生的理由。而事实上，我们同样也可以这样说将来有条件的事物，对此，莫利纳和丰塞卡引入了中间知识。² 上帝知道婴儿长大后会做什么，而如果祂愿意，祂可以给出祂自身知识的依据，祂可以说服任何有疑问的人，因为人同样可以做到这一点，只是不完满。因此，上帝的知识不是某种不完满的、后天的直观，而是对原因的先天的认识。³假设彼得被放在了特定的环境下，享有特定的恩典，与此同时，上帝允许我问祂彼得在这种状态下会做些什么。我相信，上帝能够做出确定无误的回答，虽然令我感到惊讶的是，有些经院哲学家竟敢对此有质疑。接下来，让我们假设，上帝回答说彼得会拒绝接受恩典。就这一点，我想问的是，上帝能否为祂的断言给出一个理由，以便让我也拥有关于这个事件

【1374】 的知识。如果说上帝不能给出理由，那么祂的知识就是不完满的；如果说祂能够给出理由，那么很显然，中间知识就会被颠覆。**4** 据那些真正的哲学家和圣·奥古斯丁所说，上帝之所以知道事物的行动是必然还是自由、绝对还是有条件的理由是祂对事物的本质有着完满的认识，就像几何学家知道在所提出

[133] 的所有例子中可以通过圆规和直尺来确定什么，或者说，知道一台给定的机器如果运用于给定的事物和力将会得到什么结果一样。

让我们假设，保罗与彼得被放在了同样的环境下并享有同样的恩典，与此同时，上帝对我说，在这种情况下，彼得将拒绝接受恩典，而保罗将接受恩典。无疑，有必要给出这种差别的理由。但这种理由不能从彼得和保罗之外来寻求，也就是说，它只能源于保罗的意志的本性，源于彼得的意志的本性。**5** 自由的这两种情况有着明显的区别，这意味着后者做了此选择，而前者做了彼选择。然而，如果上帝知道他们的选择，那么实际上有必要详细地给出这种差别的理由；而如果祂认为有必要向我解释，那么我也就可以理解它了。这样一来，我也就可以获得一种关于将来有条件的事件的先天的完满的知识了。但是，据那些提出中间知识的作者讲，上帝不可能就祂的断言给出理由，也不可能向我解释。据他们讲，这只是说有人想知道为什么上帝宣称将来会如此，也就是说，想知道为什么祂认为这种行动会以这种方式在祂内心的巨大的表象中——在那里，现在的、将来的、绝对的或

有条件的一切事物都被显示了出来——呈现出来。但这种知识纯粹是经验性的。它不能使上帝自己满意，因为这意味着祂就像那些在表格中查找计算出来的数字但自己却无法计算出它们的人一样，不明白为什么在表象中呈现出来的是这种行动而不是那种行动。但事实上，上帝知道将来绝对的事物，因为祂知道自己下达了什么样的谕旨，同时，祂也知道将来有条件的事物，因为祂知道自己将会下达什么样的谕旨。而祂之所以知道自己将会下达什么样的谕旨是因为祂知道在这种情况下最好的是什么，因为祂的谕旨将规定什么是最好的。**6** 如果不是这样的话，上帝就不可能确切地知道祂自己在这种情况下会做些什么。司各脱（Scotus）那个著名的观点，即神的理智对尚不确定的东西（事实的样态）一无所知，将变得毫无价值。瓦斯奎兹（Vasquez）那个著名的观点——即意志无法在两个对象之间做出选择，除非其中一个的优点更大——值得期待。**7**

7. 论自由选择 **1**　　A VI.iv

[在 1678 年夏季和 1680—1681 年冬季之间？]

论自由选择　　　　　　　　　　　　　　　　　　　【1406】

我们能否自由选择以及选择的范围到底多大，这是世界上最古老、最棘手的问题之一。所有的民族和古代哲学流派，以及所有的现代基督教派，在这个问题上都各执一词。它对人的　　[135]

生活方式有着重大的影响，因为每个人都是从他自身在该问题
上的立场出发来谴责自己的。话虽如此，但我们似乎还不能轻
率地说这个问题很容易解决。我意识到，只要人们喜欢怀疑，
并试图通过令人愉悦的话语来使这些怀疑持续下去，而不是通
过更可靠但也更艰难的推理来解决它们，那么这个问题将永远
不会得到解决。

大多数争论之所以没有得到解决在某种程度上是因为这样
一个事实，即人们希望能够自由地玩弄这些概念，并且认为束
缚于坚定不移的思想、确定不变的理念是一种受奴役的状态。
不管怎样，我们先试着考察一下真正的自由选择概念，然后再
来看看人类能否自由选择。

首先，我猜想，人类认为自由地选择是一种完满性，
因为他们认为自由选择是上帝和天使的特质，不是野兽的
特质。

其次，我猜想，自由选择与强制截然对立。正因为如此，
所以如果有人被强迫拽入了房间，我们就不应说他是自愿来到
房间的。然而，当那些在海上遇到暴风雨的人为了使船体更轻
便以解救自己而抛弃了他们的货物时，有人可能会怀疑他们的
行动是否自由。而我的回答是，他们是自由的，因为如果他们
不想解救自己的话，也没人强迫他们。

【1407】**再次**，我猜想，自由选择不仅与强制截然对立，而且与无
知或错误也截然对立。比如，当那些监护人不想让一个年轻人
了解他的事务时，他可能会说他被剥夺了管理他的货物的自

由，尽管货物就在他的手里。

由此我的结论是：**一个人能力越大，就越不容易受某种外部力量的影响，他也就越自由**。如果一个人能力足够大，能够在没有任何支撑的情况下逗留于半空中，尽管他的体重会使他的身体落向地面，但毫无疑问，他会比普通人更加自由。就此而言，这也正是为什么鸟儿比人类更自由的原因。如果人类也拥有鸟儿的优点，那么他们至少会比现在更自由。

一个人拥有的知识越多，他也就越自由，因为根据上述的猜想，不仅强制与行动自由截然对立，错误也与行动自由截然对立。

意愿是一个人因为发现了行动的好处而为了行动所做出的努力。由此可见，**当一个人有意愿同时也有能力的时候，他一定会去行动**。因为当他做出努力时，如果没有任何障碍，也就是说，当他也有能力时，行动必然紧随其后。因此，行动必定源于意愿和能力，这是最完备、最确凿的公理之一。**2**

[137]

由此可见，**我们是我们行动的主人**，也即是说，只要在我们能力的范围内，我们就会去做任何我们有意愿去做的事。因此，我们可以完全自由地对这些事采取似乎对我们有好处的行动。

正因为这样，所以考虑到上帝给了我们能够探明善与恶并在它们之间做出选择的理性，以及根据该选择来行动的能力，**如果我们满足于合理的东西，那么我们是绝不会怀疑我们拥有与我们的能力和知识相称的自由的。**

【1408】

但我们的要求远不止于此；我们不满足于行动的自由，我们还要求去意愿我们有意愿去意愿的事物的自由，不过，这是一个自相矛盾的东西，即使它是有可能的，也是有害的。我们很容易推证这两点。[3]

因此，我的观点是，**去意愿任何我们有意愿去意愿的事物的自由是不可能的**。因为如果它是可能的，它就会一直延伸至无限；比如说，如果有人问为什么我有意愿，而我却回答说那是因为我有去意愿的意愿，那么他同样也有权利问我第二个意愿的理由。如果我总是求助于新的去意愿的意愿，那么问题就永远得不到解决，因为在行动的意愿之前必将有无限多的去意愿的意愿。也许我们最终还是需要为意愿提供一个理由，但它不是来源于意愿，而是来源于理智。原因是，我们有意愿不是因为我们有去意愿的意愿，而是因为我们的本性是去意愿我们所认为的最好的事物。这种信仰并不来源于我们的意愿，而是来源于事物的本性或我们的精神状态。对此，我们所能做的就是充分利用一切合乎思维的方法，以便事物按照它们的本性而不是我们的成见呈现在我们面前。[4]

因此，不存在经院哲学家所谓的中立的自由。因为意愿的自由——个别人主张意愿自由，并且说它的本质就在于中立，所以人们即便是没有任何令我们确信的理由也可悬置行动和意愿——不仅因为每个造物都有其原因而不可能，并且无用，甚至有害。因此，我们没有任何理由因为自然给了我们这种非理性的能力而感谢它。[5]

此外，这与我们一开始遵照良好的判断力所作的猜想相反，因为自由必须是一种完满的东西，但这种中立或者没有任何实际或表面的理由就拒绝最好的事物的能力在某种程度上是极不完满的标志，在通过善得到证实的上帝或天使那里是看不到的。**6 因此，真正的心灵自由就是认识和选择最好的事物。**因为前面我们已经证实这一点，即一个人越有知识，在某种程度上也就越自由，因为一个人了解的越多，在做选择上也就越不会中立，也就越不会困惑①L1，所以说，自由与中立截然对立，确切地说，中立是无知的后果。如果一个人越是习惯于遵从理性，他也就越能做出最合理的判断。

因此，我的结论是，真正的自由就是我们以谨慎的态度对问题进行推理并按照我们所认为的最好的方式采取行动的能力。**只要我们在那些不超出我们的能力范围内的问题上运用理性，我们在一定程度上就可以自由选择。**但由于我们的推理与身体的动作有一定的联系，而身体的动作会根据外部的印象发生改变，所以事实上，突然的相遇，巨大的热情，刻在我们脑海中的成见与根深蒂固的习俗，以及疾病，经常使我们在推理之前就下定了决心并采取了行动。因此，我们的自由选择与某种受奴役的状态混在一起。不过，一个人越是不习惯于仓促行事，也就是说，越是意志坚定，他也就越自由。

---

① L1 文中的"困惑"（confused），可理解为"不确定"（uncertain）。

8. 论选择最好的事物的必然性 [1] A VI.iv

[1677 年?]

【1351】 　　假设为了构造一个三角形而给出了三个点。我敢说，一个明智的人（假如没有任何采取其他行动的特殊的理由）会构造一个等边三角形，因为这样的话，所有的点就受到了同等对

【1352】 待。而等边三角形的**种类是最少的**，换句话说，所有等边三角形都彼此相似。如果说这个明智的人去选择最好的事物的必然性破坏了自由，那么我们紧接着也可以推出，当上帝从许多选项中选择最好的时，祂的行动也不自由。[2] 事物的本质就像是数字一样。两个数字不可能相等；同理，两种本质也不可能同样完满。

[141] 　　## 9. 关于上帝知道一切可能的推证 [1] A VI.iv

[1677 年?]

【1353】 　　我们可以通过下面这种极其独特的方式来证明这一点，即上帝不仅知道一切存在的事物和一切将要存在的事物，而且也知道一切可能的事物。假设有一种液体，它受到了限制，并且试图流出去。显而易见的是，液体在任何情况下都将探查所有可能的路线，而只有在所有可能的路线中找到最容易流出来的路线，它才能获得成功。我们可以通过这一点来证明它将探查

所有的路线，即只要有路线看上去更加合适，液体就会立刻抓住那条路线；然而，除非它同时探查了所有的路线，否则它无法选择最合适的路线，因为只有比较了所有的路线之后，才能确定最合适的路线。不过，很明显，自然是上帝的杰作，尽管自然会试着去做一些事情，但除非通过上帝的意志，否则它是不可能完成的。形体（body）本身并不是自身行动的原因，它们的行动并不来源于它们自身的努力，因为它们变动不居。

注　释

引　言

1　Norman Powell Williams, *Ideas of the Fall and of Original Sin* (London: Longmans, Green, 1927), 3.

2　关于莱布尼茨对重新统一所作的努力的富有启发性的探讨，参见 Paul Eisenkopf, *Leibniz und die Einigung der Christenheit*（Munich: Verlag Ferdinand Schoningh, 1975）；关于这方面的经典研究，参见 Jean Baruzi, *Leibniz et l'organisation religieuse de la Terre*（Paris: Alcan, 1907; reprint ed. Aalen: Scientia Verlag, 1975）。

3　关于斯泰诺与莱布尼茨之间的互动的研究，参见 Gustav Scherz, "Neils Stensen und Leibniz", *Theologie und Glaube* 41（1951）：309–327。

4　关于科学院版的编辑的评论，参见 A VI.iii:xxii–xxiii；关于莱布尼茨写给约翰·弗里德里希的信，参见 A II.i:83。

5　关于 1679 年 6 月 22 日写给马勒伯朗士的信，参见 A

II.i:477–478 ；关于 1694 年 12 月 27 日写给马勒伯朗士的信，参见 Gvi:353。

6 我用这种不太严密的关于本质上可能的解释替代了我在《论莱布尼茨与阿尔诺的通信》[参见 *Leibniz and Arnauld: A Commentary on Their Correspondence*（New Haven: Yale University Press, 1990），chap. 4, sec. 7] 中给出的更加严密的解释。因为，正如亚当·埃尔加（Adam Elga）向我指出的那样，很遗憾，更加严密的解释彻底失败了。关于本质模态及其在莱布尼茨思想中的角色的极富洞察的解释，参见 Robert Adams, *Leibniz: Determinist, Theist, Idealist*（Oxford: Oxford University Press, 1994），chap. 1。

7 参见，比如说，*De veritate* Q23, a.3, ad 4。

8 参见，比如说，S.T. I. Q22, a.2, ad 2; Ia IIae Q79, Resp. ；以及 *De malo* Q3, a.1, ad 1。

9 参见 S.T. Ia IIae Q79, a.1, a.2 ；同样的对比，还可以参见 *De malo* Q3, a.1, a.2。

10 *De potentia* Q3, a.6, ad 20.

11 参见，比如说，T 25, *Causa Dei* 38, Giii:32–33 ；另参见《罗马书》第 3 章第 8 节的经文。

12 我在早前的一篇文章中给出了一种解释，参见 "Leibniz's First Theodicy," in James E. Tomberlin, ed., *Metaphysics, 1996*, Philosophical Perspectives, 10（Cambridge: Blackwell, 1996）: 481–499。 我现在觉得斯泰诺对那篇文章的影响太大了。

13 为了理解 17 世纪关于必然真理与上帝的意志的关系、必然真理与上帝的理智的关系的争论，掌握因果关系概念或至少是这里涉及的依赖关系概念很有必要。莱布尼茨认为，必然真理并不取决于上帝的意志，而是取决于上帝的理智。因此，他在《单子论》第43、44条中写道："上帝的理智是永恒真理的……王国；没有祂，便没有任何真实的可能性：不仅任何东西都不存在，甚至任何东西都没有可能……如果在永恒真理之中存在着一种现实，那么，这种现实必然植根于……必然存在者的存在之内。"这里涉及的依赖关系概念是单向的；按照莱布尼茨的说法，必然真理依赖于上帝，但上帝并不依赖于它们。不过，这个暂且可以接受的关于依赖关系概念的解释还有很多不足之处。

[144]

14 我要感谢迈克尔·默瑞（Michael Murray）、亚兰·尼尔森（Alan Nelson）和埃里克·威勒伯格（Eric Wielenberg）在我理解莱布尼茨的《哲学家的告白》的立场时为我提供的帮助。

1.致马格纳斯·威德考普夫

1 参见 LB 493。科学院版的编辑认为这封信写于 1671 年 5 月。关于它的英译本，参见 L 146–147。

2 在莱布尼茨写这封信的时候，威德考普夫是德国基尔大学的一位法学教授。在一篇大概写于 1689 年讨论自由的文章中，莱布尼茨写道，他曾一度持"类似的观点……即一切事物都是绝对必然的"[A VI.iv:1653（AG 94）]。但后来，他指出，"通过考虑那些不仅现在不存在、将来不存在、过去也不存在的可能事物，他被从悬崖边上拉了回来"。关于《致马格纳斯·威德考普夫》，罗伯特·亚当斯评论说，莱布尼茨"已经从悬崖边上滑了下去"[Robert M. Adams, *Leibniz: Determinist, Theist, Idealist*（New York: Oxford University Press,

1994）, 11]。我同意这种观点，因为正如亚当斯所指出的那样，莱布尼茨所添加的评论——参见脚注 L1——表明他确实是如此。

3　莱布尼茨在此阐述他的立场时有些犹豫不决，但我想我们可以有把握地认为他打算孤注一掷。莱布尼茨显然相信这个论点，即上帝既是全能的，也是全知的。因此，我们可以从他的话中提取出这些强有力的主张：上帝对所发生的一切下达谕旨，并且凡是上帝下达了谕旨的，都会发生。因此，上帝是所发生的一切的创造者；祂并就没有纯粹的允许意志。

4　这个简要的关于彼拉多受诅咒的原因的解释与《哲学家的告白》中更为详细的关于犹大受诅咒的原因的解释形成了鲜明的对照，参见 *Confessio*, A VI.iii:118–120。关于留心注意的重要性，留意你的目标的重要性，参见 *Confessio*, A VI.iii:135。

5　在本卷的大量文本中，莱布尼茨沿着这些思路为充足理由原则做了辩护——为了证明上帝存在，这是必要的。参见《哲学家的告白》, A VI. iii: 118，以及《对话斯泰诺》, A VI.iv:1375。

6　参见《哲学家的告白》, A VI.iii:121。注意，很多东西都取决于基础（比例）在这里的意思。

7　这里所表达的似乎是这样一个思路，即上帝必然意愿他认为是最好的，而凡是他认为最好的，也就是必然的。那么必然，如果上帝意愿某物出现，它就会出现。因此，所出现的一切都是必然的。尽管如此，它的必然出现与上帝的自由选择并不冲突。莱布尼茨打算通过《哲学家的告白》来缓和这种解释的内在紧张。

8　这个学说在本卷所包括的文章的若干段落中都得到了表达。参见《哲学家的告白》, A VI.iii:134；《论上帝的全知全能与人的自由》　　[145]

153

第 19 节；以及《论自由选择》，A VI.iv:1408。

9　关于莱布尼茨这一主张——即任何事物都不是绝对恶的——的评论，参见《对话斯泰诺》的注释 32。

2. 论上帝的全知全能与人的自由

1　参见 LH I 4, 2 Bl 1–8；另参见 A VI.i:537–546，以及 A VI.ii:579–580。该文本出现在了科学院版系列六第一卷上；编辑的导语出现在了科学院版系列六第二卷上。这个文本没有标题，并且正如最后的几个字所表明的那样，它是一篇未竟之作。在科学院版中，文本用的是哥特体，只有其中的拉丁文用的是罗马体。在我们这个版本中，文本用的是罗马体；黑体字表明这些词在科学院版的文本中用的是罗马体。我要感谢马萨诸塞大学安姆斯特分校日耳曼语言文学系的博士研究生贝斯·摩尔为我们预备了这份罗马体的文本。

2　考虑到各式各样的关于创造的所谓的事实似乎在某种程度上与造物主公平对待受造物的说法不一致，在本卷所包含的文章中，莱布尼茨对各式各样的关于上帝在对待祂的受造物上的公平的问题做了思考。在这里，莱布尼茨提醒我们说，基督徒不应该因为今生看上去可能不公的赏罚分配而动摇自己的信仰，因为相对于一个人的整个存在而言，今生只是冰山一角。基督徒应该把以后的来世也考虑进来。更严重的问题是，考虑到上帝是按照天意，也就是说，受造物的行为——假设值得奖赏或该当惩罚——的终极根据不受那个被奖赏者或被惩罚者的控制，而是事实上存在于奖赏者或惩罚者之中，所有不公的赏罚分配——无论延长了多长时间——怎么可能变得公平。关于这个问题的一个更强有力的说法，参见《哲学家的告白》（A

VI.iii:136）。

3　基督教教义以一种特别尖锐的形式就造物主对受造物采取的行动是否公平提出了大量的问题，莱布尼茨在很多文本中都提到了这一点。参见，比如说，《神正论》的前言 [G vi:33–34（Huggard 57–58）]。

4　摩尼教徒是摩尼（大约216—276年）的信徒，摩尼认为，有两条相互独立的基本原则，一条为善，另一条为恶。培尔在他的《历史与批判辞典》（*Historical and Critical Dictionary*）中就摩尼教写了一个词条。有些人认为培尔的观点是，如果没有基督教启示的帮助，理性支持摩尼教的立场。莱布尼茨《神正论》的目的之一就是与这种看法作斗争。

莱布尼茨紧接着把那些对预定、恩典与自由选择持不同看法的被教会视为异端的人罗列了出来。奥利金是最早的基督教神学家之一。在《神正论》第17节，莱布尼茨写道："奥利金认为……所有的理性受造物，甚至堕落的天使，最后都会变得神圣，享受永福。"伯拉纠主义者是伯拉纠（418年逝世）的信徒，在418年的迦太基教会会议上，伯拉纠关于恩典与自由选择的看法受到了谴责。针对伯拉纠的相关观点，这场会议的第五条教规规定，"不管是谁，只要他说，'上帝赐予我们正义的恩典，为的是恩典能够使我们更容易按照我们的自由选择去做我们被命令去做的事，这好比是说，如果上帝没有赐予我们恩典，那么在没有那种恩典的情况下，我们虽然有可能但不会太容易去遵守上帝的戒律'，他就应该被革除教门"。考虑到我们的目的，我们可以在这个注释中把半伯拉纠主义与马西里亚派放在一起来讨论。半伯拉纠主义的观点来源于马赛（马西里亚）的僧侣，尤其

[146]

是约翰·卡西安（John Cassian，大约 360—435 年）。这个观点在 529 年的第二届奥朗日会议上受到了谴责。这场会议的第四条教规指出，那种认为"上帝在洗刷我们的罪之前等候我们的意志"的观点是不可接受的，我们必须坚持"即使是洗刷我们的意志也要通过圣灵的注入和内省活动来完成"的观点。

莱布尼茨列出了神学上关于天意与预知的争论中用到的术语（拉丁语）。他的看法是，由于哲学家和神学家未能充分地澄清他同时代的人和前人在讨论神学教义时所使用的这些技术术语的意义，所以这带来了很多与各种教义相关的难题。

5 在 1670 年版的马里乌斯·尼佐利斯的《第一真理与理性哲学的真理——驳伪哲学家》第 4 册的前言中，莱布尼茨曾称赞德语是一种哲学语言，参见 Marius Nizolius's *De veris principiis et vera ratione philosophandi contra Pseudophilosophos, libri IV*。尽管如此，莱布尼茨的哲学作品却几乎都是用拉丁语或法语完成的。这篇文章是为数不多的例外之一。

6 莱布尼茨在这里和在接下来的讨论中对"Versehung"与"Vorsehung"的区分有些古怪。在当代德语中，"Versehung"这个词早就被抛弃了（尽管它的同源词"versehen"仍在被使用）。根据格林兄弟所编的《德语词典》（Deutsches Wörterbuch），"Versehung"在高地德语中完全被"Vorsehung"吸收了（col. 1265），而"Vorsehung"或许最好被理解为"天意"（providence）。不过，在莱布尼茨写这篇文章时，它们之间是有区别的，并且很难找到合适的英文单词来翻译它们。按照泽德勒 1746 年版的《科学和艺术大百科全书》（*Grosses vollständiges Universal-Lexicon Aller Wissenschafften und Künste*），神的"Versehung"是神的"Vorsehung"的三个方面之一，"神的'Verse-hung'是神的'Vorsehung'的第三种行为，而众所周知，后者由这三种行为组成：1）προγνώσει, der Vorsicht, 2）προθέσει, dem Vorsatz, 3）προορισμῷ, der Versehung"（vol. 48, p. 1786）。把希腊文翻译成中文，它的意思是，"Vorsehung"被分成了（1）预知，（2）意图，以及（3）预定。因此，虽然我们可以把"Vorsehung"译成"天意"，把"Verse-hung"译成"预定"，但我认为莱布尼茨有别的意思。我认为，当莱布尼茨谈到"Vorsehung"时，他想要表达的意思就是泽德勒通过"Vor-sicht"或"προγνώσει"想要表达的意思，即"预知"，而当莱布尼茨谈到"Versehung"时，他的意思就是"预定"。这一解读得到了格林兄弟的支持："作为一个学院概念，'versehung'（praedestinatio）是在新教神学家争论的过程中形成的［……］；［……］而萧特尔（Schottel）把'praedestinatio'（预定）译成了'versehung'，把'praescientia'（预知）或'praevisio'（先见）译成了'vorsehung'——在关于'prädesti-nationsstreit'（预定论）的争论再也提不起人们的兴趣之后，'versehung'这个词便被遗弃了"（col. 1266）。《新约》中的这段话将进一步支持我在这篇文章中的这种做法，尽管不是决定性的。（一）《使徒行传》第2章第23节：（1）τοῦτον τῇ ὡρισμένῃ βουλῇ καὶ προγνώσει τοῦ θεοῦ ἔκδοτον διὰ χειρὸς ἀνόμων προσπήξαντες ἀνείλατε（希腊文译本）；（2）"hunc definito consilio et praescientia Dei traditum per manus iniquorum adfigentes interemistis"（拉丁文武加大译本）；（3）"ihn, der urch Ratschluß und Vorsehung Gottes dahingegeben war, habt ihr durch die Hand der Heiden ans Kreuz geschlagen und getötet"（德文路德译本）；（4）"Him, being delivered by the determinate counsel and foreknowledge

[147]

157

of God, ye have taken and by wicked hands have crucified and slain"（他既按着神的定旨先见，被交与人，你们就借着无法之人的手，把他钉在十字架上杀了）（英王钦定本）。（二）《罗马书》第8章第29节：（1）ὅτι οὓς προέγνω, καὶ προώρισεν συμμόρφους τῆς εἰκόνος τοῦ υἱοῦ αὐτοῦ εἰς τὸ εἶναι αὐτὸν πρωτότοκον ἐν πολλοῖς ἀδελφοῖς（希腊文译本）；（2）"nam quos praescivit et praedestinavit conformes fieri imaginis Filii eius ut sit ipse primogenitus in multis fratribus"（拉丁文武加大译本）；（3）"Denn welche er zuvor ersehen hat, die hat er auch ver-ordnet, da? sie gleich sein sollten dem Ebenbilde seines Sohnes, auf daß derselbe der Erstgeborne sei unter vielen Brüdern"（德文路德译本）；（4）"For whom he did foreknow, he also did predestinate to be conformed to the image of his Son, that he might be the firstborn among many brethren"（因为他预先所知道的人，就预先定下效法他儿子的模样，使他儿子在许多弟兄中作长子）（英王钦定本）。也就是说，在第一段话中，路德和英王钦定本的作者分别把"προγνώσει"这个词译成了"Vorsehung"和"foreknowledge"（预知）；在第二段话中，路德版本中的"Vorse-hung"和英王钦定本中的"foreknowledge"对应的是相同的希腊文和拉丁文单词。[布兰登·卢克注]

7 莱布尼茨这里的意思是，某种事态可能还是不可能，这个问题不能通过实证研究来解决。当然，也有例外，那就是当事态是通过现实的经验而被认识的时候。即使那样，我们还是需要这样一个模态公理，即凡是现实的，都是可能的。此外，莱布尼茨当时正准备就可能性给出一种形式上的说明，也就是说，正准备提出这样一种论点，即仅当关于事态得到的结果的命题不蕴含形式上的矛盾时，这个事态才是可能的。

8　关于莱布尼茨对重复性命题的理解，参见《哲学家的告白》注释 57。

9　在莱布尼茨时代的下萨克森州，家家户户都会在山墙上挂一个马头。粗糙的翻译有可能把意思理解成占星学家是被挂在前门的马蹄铁砸死的。［布兰登·卢克注］

10　关于这种懒惰理性的谬论的评论，参见《哲学家的告白》注释 60。莱布尼茨特别看重这里展开的推理——比如说，参见 DM 30，另参见《哲学家的告白》注释 63。他的基本思想是罪需要有罪者有罪恶的意图。因此，你只有在意愿去犯罪的时候才会犯罪。如果你不意愿去犯罪，你不会犯罪。所以你犯罪与否取决于你，因为你意愿去犯罪还是不去犯罪，这取决于你。啊，是这样吗？就像莱布尼茨清楚了解的那样，问题就在这里。

11　无论恶意从哪里来，恶意都应该受到惩罚，这是莱布尼茨 [148]最喜欢的论点——参见《哲学家的告白》注释 92，以及《关于自由问题对话斯泰诺》，A VI.iv:1378。

12　莱布尼茨这里的观点是，即使每一次获罪都会使有意愿犯罪的受造物受到应有的惩罚，但上帝对罪的处理是否正当仍然没有一个定论。参见《神正论》第 265 节。

13　这里的问题是我们是否可以抱怨说上帝没有为我们提供一个没有由于亚当与夏娃的行为而给我们带来的遗传污点的祖先。莱布尼茨在这里并没有给出一个确定的回答，但他《哲学家的告白》中给出了这样的回答，参见注释 118。

14　这是支持该结论——即上帝是罪的创造者——的那些考量

的一个直截了当的说法。《哲学家的告白》的主要目的之一就是为拒绝这种论证以及类似的论证给出确定的根据。

15 注意，莱布尼茨这里赞成这样一个观点，即全知的存在者运用祂的智慧追求最好的事物。另参见《致马格纳斯·威德考普夫》。

16 莱布尼茨在《哲学家的告白》中得出了类似的结论，不过他在那里说得更详细一些。参见，比如，他在《哲学家的告白》（A VI.iii:118–120）中对致使犹大仇恨上帝的因果序列的分析。

17 《哲学家的告白》的一个核心问题就是去证实，尽管上帝是祂创造出来的万物的终极因，但祂并不是罪的创造者。

18 莱布尼茨接下来考察了经院哲学家为避免这样的结论——即上帝是罪的创造者——所提出的两个观点。简要讲，第一个观点认为罪就像所有的恶一样意味着缺乏某种适于有缺乏的人的特征。作为祂创造出来的万物的终极因，上帝从因果上讲要对祂创造出来的一切实有的东西负责，但却不需要对缺乏的东西负责。因此，上帝从因果上讲不需要对罪负责。莱布尼茨不仅在这里对该观点提出了批评，在《罪的创造者》和《哲学家的告白》中也提出了批评。不过，在《哲学家的告白》中，莱布尼茨却试图去发掘这个推理过程中可以坚持的东西。

19 莱布尼茨在这里给出的反对意见极其类似于霍布斯提出的反对意见。参见《罪的创造者》注释4。

20 参见莱布尼茨对笛卡尔的评论 [Giv:363（L 389）]。

21 莱布尼茨在这里发起了对经院哲学家为避免这样的结论——即上帝是罪的创造者——所提出的第二个观点的批判。正如莱布尼茨所理解的那样，第二个观点的主要思想是维护自由意志主义的人类自由选择观念，但它却带来了这样的结论，即上帝不是祂创造出来的一切实有的事物的终极因。

22　莱布尼茨反对莫利纳派的主要理由是它被指与充足理由原则不相容。参见《中间知识》与《论自由选择》。

23　《圣经》的文本在这里被改动了——所讨论的这个案例（参见《撒母耳记上》第 22 章第 20 节—第 23 章第 15 节）说的是基伊拉的居民，不是洗革拉的居民。不过没关系；这些哲学观点与地理无关。

24　更多关于莱布尼茨对中间知识的态度的细节，参见《中间知识》。

25　注意我们现在走到了哪一步。莱布尼茨已经阐释了罪的创造者的问题，并驳斥了经院哲学家的两种解决方案，不过他还没有给出自己的解决方案。他将在《哲学家的告白》中完成该工作。　[149]

3. 哲学家的告白

1　参见 LH I 3, 5 Bl 7–22。莱布尼茨的原始手稿至今还没有找到。这个作品的最后四分之一有两个版本。我们把完整的版本称为 LA，把只有最后四分之一的版本称为 LB。

2　这里指的可能是《自然对无神论者的告白》（“Confession of Nature Against Atheists”，1668–1669, A VI.i:489–493 ［L 109–113］），它的第一部分包含对上帝存在的论证，第二部分包含对人的心灵不朽的论证。同样值得注意的是莱布尼茨于 1668—1669 年在《关于天主教的推证的大纲》（以下简称《天主教的推证》，参见 A VI.i:494–500）这篇文章中概述的那个计划，照计划，它的第一部分将包含对上帝存在的推证，第二部分将包含对灵魂不朽的推证。第三部分则将包含对基督教之奥秘的可能性的推证，而它的各个章节将处理本卷译文中所讨论的问题，比如，中间知识、自由、上帝与恶的关系、罪的原因，以及大罪与小罪之间的区别。

3 在手稿中，莱布尼茨在"上帝的正义"一词的下面加了双下划线。

4 《神正论》的大部分章节都是为了论证培尔（Bayle）从事物表面的无序中得出的推论是错误的。参见"On the General Connection of All Things"（A VI.iv:1614–15），在这篇文章中，莱布尼茨写道："上帝的智慧不允许有真正的混乱，否则那将成为祂的艺术作品的缺陷。"

5 正如莱布尼茨的论点——即理性与信仰（基督教）不能冲突——所表明的那样，他关于自然神学与启示（基督教）神学的关系的观点是正统的。莱布尼茨写了三篇关于信仰与自然神学的对话（可能都完成于 1679 年，或最晚完成于 1679—1981 年），它们分别是：*Dialogue Between Theologus and Misosophus*（"Dialogusinter Theologum et Misosophum", A VI.iv:2212–2219）；*Dialogue Between Poliander and Theophile*［"Dialogue entre Poliandre et Theophile", A VI.iv:2219–2227（L 213–216, partial）］；*Conversations of the Marquis de Pianèseand Father Emery, etc.*（"Conversation dumarquis de Pianèse et du Père Emery, etc.", A VI.iv:2240–2283）。我们可以在《神正论》一开始关于信仰与理性的文章中找到对莱布尼茨关于理性与启示的关系的成熟立场的经典表述。

6 这个回答含蓄地表明神的完满性只是神全知全能的结果。据我所知，莱布尼茨从未在任何文本中明确详细地为该论点做过辩护。

比如，我们可能会怀疑上帝的道德完满性。就这个问题而言，《形而上学论》（*Discourse on Metaphysics*）第 1 节很有启发意义。在将上帝描述成了绝对完满的存在者并解释了什么是完满性之后，莱布尼茨总结道，全知全能即完满性，因此也是上帝的属性。莱布尼茨紧接着写道："由此可知，因为上帝拥有至高无上的、无限的智慧，所以祂以最完满的方式行动，但这种最完满不只是形而上学意义上的，也是道德意义上的。"

7　关于正义的这一描述以及随后对它的定义类似于莱布尼茨在《自然法则的基本原理》["Elementa Juris Naturalis", 1670–1671, A VI.i:431–485（L 131–38）]和他写给兰伯特·凡尔底桑（Lambert van-Velthuysen, A II.i:97–98, May 1671）及安托万·阿尔诺 [A II.i:169–81（L 148–50）November 1671；尤其参见 173–174（L 150）]的信中的描述和定义。我们应该对莱布尼茨写给阿尔诺的这封信中的描述与他于 1690 年 3 月写给阿尔诺的那封信中更成熟的说法进行比较，在那封信中，莱布尼茨写道，"正义只不过是智者的施舍……施舍是一种普遍的仁慈，而为了获得最大的善，智者会按照理性的标准对这种仁慈进行分配……智慧是关于幸福的知识，也就是说，是关于获得持久满足——即不断走向更完满，或至少走向另一种形式的相同程度的完满——的方法的知识"（LA 136）。莱布尼茨在 1672 年 1 月 31 日写给路易斯·费兰德（Louis Ferrand）的信中对这些问题做了简短的总结："我把正义或善良的人定义为一个爱每个人的人。爱就是为他人的幸福而欢欣。幸福是一种纯粹欢欣的状态。欢欣是一种和谐的感觉。从这些定义中，我推导出了目前正在考虑的一切。"（A I.i:180–181）关于莱布尼茨对正义的讨论的进一步的解释，参见 Patrick Riley, *Leib-*

niz's Universal Jurisprudence—Justice as the Charity of the Wise（Cambridge: Harvard UniversityPress, 1996）。

8 关于爱的这一说法，参见"Specimen demonstrationumpoliticarum"（A IV.i:34, 1669）；参见注释 7 中引用的文本；另参见这段时期的两篇重要的文章"Elementa verae pietatis, sive De amore Dei super omnia"（A VI.iv:1357–1366, 1677–1678）和"Aphorismi de felicitate, sapientia, carietate, justitia"（A VI.iv:2792–2808）。关于莱布尼茨的爱的概念，尤其参见 Emilienne Naert, *Leibniz et la querelle du puramour*（Paris: J. Vrin, 1959）, chap. 3, "La Solution: Une définition del'amour"。

9 参见"Elementa verae pietatis, sive De amore Dei super omnia"，莱布尼茨在这里把欢欣描述成了对完满的体验；参见"Aphorismi de felicitate, sapientia, carietate, justitia"，莱布尼茨在这里认为宇宙的完满就是宇宙万物的和谐。

10 关于和谐的同一说法，参见 the letter to van Velthuysen（A II.i:98），另参见 the letter to Arnauld of 1671（A II.i:174）。

11 莱布尼茨稍后又回到了这个问题上来，参见 AVI.iii:117。他在那里所说的话表明他在这里想到的是那些声称上帝只爱选民的人。人们很自然地就会把这个问题与《提摩太前书》第 2 章第 3—4 节的解释——"祂愿意万人得救，明白真道"（钦定本）——的相关内容联系起来。但问题是，按照大多数基督教神学家的说法，尽管上帝是全能的，万人却没有全部得救。17 世纪的某些神学家有一个辩护的方法，那就是把"万人"解释成各式各样的人。马勒伯朗士之所以创作《论自然和恩赐》（*Treatise on Nature and Grace*）在某种程度

[151]

上就是出于对更好的解决方案的渴望。莱布尼茨随后给出的解释（A VI.iii:117）并不是为了解决《提摩太前书》这段话所产生的问题。它的目的是为了证实，与表面上看到的相反，那些声称上帝只爱选民的人并不是否认上帝爱每个人，而只是认为上帝更爱选民。

12 这个观点可能源于莱布尼茨的《自然法则的基本原理》（Elements of NaturalLaw, A VI.i:484, 1670–1671）。

13 原文是 "O fortunatos nimium, bona si sua norint!"（Virgil, Georgics II, 458）

14 注意，这个论点只是一个意外收获；它并不是一个前提，莱布尼茨并没有拿它来证明一切幸福都是和谐的，或证明上帝爱每个人并因此是正义的。

15 参见注释 11。

16 莱布尼茨认为这是一个对他的关于恶的问题的讨论来说至关重要的论点，即最和谐的事物序列包含着某些不协和音，也就是说，最好的可能世界包含着某些恶。

17 莱布尼茨在这里就上帝创造的意志（God's productive will）与上帝允许的意志（God's permissive will）做了一个对他讨论恶的问题来说至关重要的区分（参见，比如说，Causa Dei 28）。莱布尼茨清楚地意识到，这个区分需要一个解释，而为了提供解释，《哲学家的告白》做了一次新颖的尝试。关于莱布尼茨对这个话题的最直率的评论，参见 Commentary on Burnet, 6c, 39b, 39f, 39h, 56d。

18 莱布尼茨这里的评论可能会让我们觉得他会在其他地方讲到上帝选拔的细节。莱布尼茨经过深思熟虑的观点在《形而上学论》第 31 节中被表述了出来，他声称，一般性的理由是我们所能期许的最好的东西：我们把握不住细节。

19 在引言中，我称赞莱布尼茨通过对话者（神学家）提出了强有力的反对意见。截至目前，读者可能对神学家的表现不以为然。但接下来，他要全身心地投入到对话中了；这里就是他开始行动的地方。

20 《罗马书》第9章第21节："陶匠难道没有权柄，从一团泥里拿一块做成贵重的器皿，又拿一块做成卑贱的器皿吗？"

21 正如引言中所提到的那样，莱布尼茨在《哲学家的告白》中准备回答的一个基本问题是，上帝怎么可能是事物的最终根据，包括是罪的最终根据，但却不是罪的创造者呢？

22 神学家从这里开始了他的一连串的推理，而关于它的结论，参见 A VI.iii:120。这个理念是为了表明，从哲学家所接受的原则可以得出这样的结论，即上帝是除上帝自身之外的一切事物存在的最终原因。因此，上帝是罪存在的最终原因。

[152]　　**23** 莱布尼茨特别重视充足理由原则的这一所谓的证明。参见，比如，"Demonstratio propositionum primarum", A VI.ii:483, 1671–1672, 这篇文章给出了正式的证明；另参见 "On Existence", A VI.iii:587, 1676［DSR 113］。

24 这里所表达的观点——即有两个截然不同的原则，一者是某些科学的原则，一者是其余科学的原则——经常出现在莱布尼茨的作品中。莱布尼茨作品中最著名的关于"两大原则"的段落也许就出自《单子论》的第31节、第32节：

（31）我们的推理以两大原则为基础。其一为矛盾原则，我们根据这个原则断言自身含有矛盾的东西为假，而与虚假相反或相矛盾的东西则为真。

（32）其二为充足理由原则。我们根据这个原则认为，除非有一个充足理由说明其为什么应该这样而不是那样，否则任何事实都不可能真实存在，任何命题也都不可能为真。

《单子论》随后的几节表明，莱布尼茨把矛盾原则当成了必然真理的原则，把充足理由原则当成了偶然真理的原则。

这方面存在着大量的诠释性的难题，参见 Robert C. Sleigh，"Leibniz on the Two Great Principles of All Our Reasonings"，*Midwest Studies in Philosophy,* 8（1983），edited by Peter French, Theodore Uehling, and Howard Wettstein, pp.193–216。

在《哲学家的告白》中，充足理由原则被认为是道德的基础。但这却对莱布尼茨这里的一个论点——道德命题不是偶然的——有至关重要的影响。再就是，在《哲学家的告白》中，通常指派给矛盾原则的角色被整体大于部分的原则占据了。不过，并不是只有《哲学家的告白》认为整体大于部分的原则是量的科学（算术和几何学）的原则。莱布尼茨在他早期精心的研究中也有这样的观点，参见"Demonstration of Primary Propositions"（A VI.ii:480）。后来，莱布尼茨才开始相信这个原则可以从更基本的原则推演出来——参见，比如，GM VII:20。

25 莱布尼茨经常宣称，充足理由原则是证明上帝存在的必要条件；参见，比如，《对话斯泰诺》《致马格纳斯·威德考普夫》，以及《神正论》第44节。莱布尼茨还曾写道，如果没有充足理由原则，"上帝的存在就不可能从受造物那里得到推证"（黑体原为斜体，为英译者所加），参见"De principii", A VI.iv:806（L 227）。

26 灵魂受到的相关诅咒在死后不会发生改变，这个观点听起来非常熟悉——参见，比如，托马斯·阿奎那的《反异教大全》第四卷第91—95章；尤其参见第93章，"死后，恶人的灵魂有一种不可改变的恶的意志"。因此，我们可以认为，斯泰诺这里主要反对的是莱布尼茨对为什么灵魂在死后以相关的方式被固定下来的解释。

27 参见"Dialogue Between Poliander and Theophile"[A VI. iv: 2222（L 214）]，莱布尼茨在这篇文章中嘲讽了那种认为敬畏上帝就足以使其得到拯救的观点。

[153]

28 莱布尼茨认为悔恨的意思就是对所犯的错或罪感到悲伤（C493）。

29 神学家所提到的困难与《论上帝的全知全能与人的自由》的第14—17节以及《致马格纳斯·威德考普夫》中所提到的困难基本相同。

30 斯泰诺这里的评论并不是太显豁。人们会很自然地认为，他预设了一种关于自由选择的自由意志主义的解释，它有这样一种结论，即上帝整个地在因果上促成了造物，但这（从形而上或因果关系上讲）并没有使犹大自由选择去背叛基督成为必要。莱布尼茨就是要否定这种关于自由选择的自由意志主义的解释。

31 这是《哲学家的告白》的一个主要论点。莱布尼茨一开始提出的观点是，上帝是罪的最终根据。后来，他修改了措辞，所以他最后的观点是，上帝是罪行的最终根据。罪和罪行有区别吗？莱布尼茨知道，比如，那些受阿奎那影响的人会发现修改后的论点投合他们的旨趣，原来的论点令人感到厌恶。参见 S.T. IaIIae Q79, a.1，阿奎那在这里问道，上帝是不是罪的原因；他的回答是，上帝绝不是罪的原因。在下一篇文章中，阿奎那问道，上帝是不是罪行的原因；他给出了肯定的回答。关于阿奎那的观点的更多细节，参见 De Malo Q3，a.1, a.2。比如，参见 a.2，阿奎那在文中指出，既然一切次要原因的运动都必须归结为第一因，并且既然罪行是一个自由意志的一种特殊运动，那么上帝就是一切罪行的最终原因。但是，行动在道德方面的缺陷，也就是说，它背离了上帝所规定的秩序，其原因不能归结为上帝，而只能归结为受造物。莱布尼茨在《罪的创造者》与《论上帝的全知全能》第 18 节所嘲讽的正是这种试图解释上帝如何被我们的罪所玷污的尝试。这里，莱布尼茨的目的是给出一种能够产生阿奎那希望达到的成效而又不会引起所谓的荒谬的新理论。

32 莱布尼茨的回答用到了本质模态；参见本卷引言第 3 部分。

33 正如前面提到的那样，《哲学家的告白》的一个主要内容就是为了证实这一点，即上帝是罪的最终根据，但不是它的创造者。

34 纵观其一生，莱布尼茨一直都在以各种各样的方式使用道德原因这个概念。我认为，莱布尼茨在这里对它的使用与在《神正论》第 4、131 节那里对它的使用没有区别。大致上讲，这个概念的意思是，在行为主体因为运用或不运用行为主体的某种因果力量而在道德上对某个行动负责的情况下，行为主体是该行动的道德原因。

行为主体有各式各样的可能使自身在道德上对某个行动负有责任，比如，实施该行动，促成它的实施，或允许它，也就是说，尽管行为主体了解它，也有能力阻止它，但却没有去阻止它。

35 我们可以在阿奎那的作品中看到这种解决方式，即上帝是罪行的实体的最终原因，但不是它恶的方面的最终原因，也就是说，不是它与神圣律法不一致的最终原因；参见，比如，*De potentia* Q 3，

[154] a. 6, ad 21。我们在《对话斯泰诺》（A VI.iv:1382）中也看到了这样
的说法。参见"Concerning Freedom, Fate, and the Grace of God"（A
VI.iv:1595–1612, 1686–1687），莱布尼茨在这篇文章中写道："上帝不
是恶或罪的原因。必须理解这一点，如此一来，即使恶的物理现实就
像所有其他存在物一样必须依赖于上帝，我们也不会再把恶归咎于神
的意志了"（1597）。另参见 Commentary on Burnet, 14e, 45b。这里的
"物理现实"概念也可以用来代指行动的实体。

36 从这个语境来看，"事物的本性"与"永恒的理念"这两个
说法可能被认为有着同样的所指，即在莱布尼茨看来必然真理立于其
上的神的理智中的那些理念（本质、可能性）。参见，比如，《单子论》
第43、44节，以及《神正论》第20、189节。

37 在这里，莱布尼茨指的是摩尼教的基本观点。

38 必然真理依赖于神对它们的真实性的理解，即神的理智，
而不是神的意志，这个观点是莱布尼茨哲学不可或缺的一部分。参
见，比如，Leibniz's letter to Molanus, April 1677（A II.i:306）。

39 参见"Introductio ad Encyclopediam Arcanam"[AVI.iv:528(PW
6), 1683–1685]，莱布尼茨在文中写道，"这门科学的对象都是普遍可
想象的……因此，我们拒斥我们对此没有概念的名称，即可命名但却
不可想象的东西，比如，经院哲学家经常拿来当例子的'Blitiri'"。

40 参见注释 38。

41 参见 a letter of 1696 to Sophie and Elizabeth Charlotte（A I.
xiii: 11），莱布尼茨在信中指出，秩序与和谐从数学上讲有一定的比
例。参见 A VI.iii:130，莱布尼茨在这里指出，和谐是整个系统——
比如，作为一个整体来看的世界——的一个特征。参见"De arcanis

sublimium vel de summa rerum"〔A VI.iii:472（DSR 21）〕，莱布尼茨在文中给出了这样一个预设，即最大限度的和谐的存在意味着最大数量的本质的存在。紧接着，莱布尼茨又把最和谐的东西描述成了最令上帝愉快的东西〔476（29）〕。

42　从这些反对意见来看，斯泰诺想要揭示的是，莱布尼茨的解释会带来莱布尼茨本人无法接受的结论。这些反对意见和莱布尼茨的回应对引言第 4 部分所讨论的话题很有帮助。

43　读者可能会再一次对这位对话者在这一点上就此认输而对他感到不屑，不过，这位对话者接下来将对莱布尼茨的观点提出两个强有力的反对意见。

44　这里出现了两条反对意见，其中一条来自原始手稿，另一条来自莱布尼茨的补充材料，它们都声称莱布尼茨的观点带来了不能接受的结论。第一条反对的是，所获得的一切，无论好的、坏的还是中性的，都是因为上帝的存在，而不是祂的意志；第二条反对的是，所获得的一切都是必然的。原始手稿只有第二条。

45　哲学家在这里（以及《哲学家的告白》其他地方）的论证是为了表明上帝不是罪的创造者，因为上帝不会因获罪而感到欢欣。莱布尼茨在这里肯定地说出了他所需要的东西，那就是，上帝既不意愿罪，也不创造罪。不幸的是，我们完全不清楚莱布尼茨是否已经证实了这一点，即尽管上帝没有创造罪，但祂却是罪的最终根据。 [155]

如前所述，神学家似乎又认输了，参见 A VI.iii:125。不过，他很快又投入到了争论当中，参见 AVI.iii:130。

46　在这里，莱布尼茨肯定地说出了他那个熟悉的学说，即上帝选择了最和谐的世界，即最好的可能世界。

47 神学家的论证直截了当；但莱布尼茨的回应却并不是这样，因为它从哲学家接下来的一番议论开始，直到以"我愿意将其对立面隐含着矛盾或不能被清晰地设想出来的东西叫作必然的"开头的那段冗长的陈述才结束，参见 A VI.iii:127。这个对话的一个特点是，哲学家一段冗长的陈述之后，神学家几乎一字不差地又重复了一遍他的反对意见，而哲学家却声称他还没有回答这个问题。在第二次尝试时，莱布尼茨给出了一个有趣的回应。

48 参见《路加福音》第17章第1节与《马太福音》第18章第7节。参见《对话斯泰诺》（A VI.iv:1380），莱布尼茨在那里用到了同样的例子；他声称丑恶行径是假设的必然。

49 神学家的问题表明，莱布尼茨很清楚他还没有回答对话中就这一点提出的反对意见。

50 瓦勒里乌斯·科达斯（Valerius Cordus，1515—1554）是一位医生和植物学家。约翰内斯·兹韦尔费（1618—1668）撰写过药理学方面的作品。乌尔巴努斯·赖吉乌斯（Urbanus Regius，1489—1541）是一位天主教牧师，但他于1525年离开了天主教，并于1530年成为一名路德教牧师。在手稿上，"Regius"和"de"这两个词之间有一条大约2英寸长的裂口。幸运的是，重要的哲学观点似乎并没有缺失。

51 在古典神话中，阿刻戎河是地狱中的一条河。

52 使用"意义扭曲的词"会使正在讨论中的问题变得更加棘手，这个观点在《论上帝的全知全能》第9段得到了强调。

53 正如在引言中指出的那样，我认为莱布尼茨在这里用到了不同于形而上模态的本质模态；我很清楚支持我的解释的证据并不充分。

54　当"velle"与"nolle"被放在一起进行对比时，它们的译法是有问题的。一方面把"velle"译成"意愿支持"（will in favor of），把"nolle"译成"意愿反对"（will against），这种译法很笨拙，另一方面，这种译法很容易让人觉得"nolle"有时不仅仅意味着"不意愿支持"。关于该问题的进一步讨论，参见注释64。

55　这是这个对话中的一个很重要的定义。译者们在如何处理"alienae"上有很大的不同。问题是应该如何不太明显地修改"alien-ae"。加斯东·格鲁瓦（Gaston Grua）认为应该把它改为"voluntas"，那么这个定义就是这样的："做一个创造者，就要因为自身的意志而成为他者意志的根据"（参见 JUL, p.361）。奥托·萨姆和埃塞基耶尔·奥拉索则认为应该把这个名词改为"ratio"［参见 Otto Saame, G. W. Leibniz: "*Confessio philosophi*"（Frankfurt am Main, 1967），p. 65］；伊冯·贝拉瓦尔认为应该把它改为"res"，我与他的看法一致。

56　参见引言中对本质模态的讨论。另参见莱布尼茨在《对话斯泰诺》中对这些话题的评论。

这里提到了两种样式的三段论，它们分别是：

AAI（Darapti）式三段论：　　　　　　　　　　　　　　　　　　［156］

所有 As 是 Bs。所有 As 是 Cs。有些 Cs 是 Bs。

EAO（Felapton）式三段论：

没有 As 是 Bs。所有 As 是 Cs。有些 Cs 不是 Bs。

注意，在这两种情况下，如果我们把结论中的"有些"看成是一个存在量词，并补充这样一个前提，即某些 As 确实存在，那么结论就可以从因此而扩充的前提中产生。

57　莱布尼茨的观点似乎是这样的：

（1）凡是存在的，都是必然的。

和

（2）凡是存在的，如果它存在，那么必然存在。

命题（2）是命题（1）的一个重复啰唆的说法。命题（2）虽然很琐碎，但却是正确的。命题（1）不琐碎，但它却是可怕的必然论学说的一部分。莱布尼茨的观点是，涉及模态概念，常见的做法是使用像（1）这样的命题，但我们想要说的却只有通过像（2）这样的命题才能更准确地表达出来。在日常话语中，如果我们用命题（1）这种省略的说法取代命题（2）这种重复啰唆的说法，这不仅不会造成什么危害，而且还可以省略掉一些话。但莱布尼茨认为，在哲学话语中，这样的疏忽有可能会带来必然论，而后者将构成危害。莱布尼茨在《论上帝的全知全能》第 12 节颇有激情地给出了相同的观点。

58　小说《艾格尼丝》于 1621 年在巴黎出版，它的作者是约翰·巴克莱（1582—1621）。按照哥特沙克·居劳尔（G. E. Guhrauer）的说法，莱布尼茨临终之前重读了这本小说。[*Gottfried Wilhelm Freiherr von Leibniz*, 2 vols.（Breslau, 1846; rpt. Olms,1966），vol. 2, p. 330]

59　莱布尼茨在这里发现了笛卡尔在《哲学原理》第 3 部分第 47 条批判的观点。

60　莱布尼茨对这里所谓的"著名的懒惰理性的谬论"给予了相当的关注。参见，比如，DM 4, the Theodicy, Preface 30–33（Huggard 54–57）以及 Commentary on Burnet 11h。另参见《论上帝的全知全能》第 11 节。莱布尼茨有两个要点需要明确。我们一起考虑一下：

（1）上帝必然预先知道，如果且仅当 p 为真时，那么 p 为真。

（2）对任何一个命题 p 来说，如果 p 为真，那么 p 必然为真。

（3）p 为真。

（4）无论你做什么，p 都为真。

第一点是（1）并不蕴含（2）。第二点是（3）并不蕴含（4）。

61　参见 DM 30，我们在那里可以看到关于该如何过好自己的 [157]
生活的类似的看法。

62　我们需要去琢磨这样一个问题，那就是，莱布尼茨在《哲
学家的告白》中是不是想努力得出这样的结论，即所获得的每一种事
态都来自事物的和谐？如果是这样，那么结果是，要么就是任何事物
都不会对你产生不利，要么更有可能的是，你不用对你的事负责，因
为你没权力这么做。

63　毫无疑问，最后一个分句很重要。如果没有它，那么这句
话的言下之意似乎是，我们命中注定与否受我们意志的控制。但如果
救赎所需的神的恩典不受我们控制，那么事情看起来就完全不同
了。我们在《形而上学论》第 30、31 节中可以看到与此大致相同的
逻辑论证。在第 30 节，在讨论我们该如何避免罪的时候，莱布尼茨
写道："只要不意愿（罪行）就行，上帝不可能提出比这更简单、更
公正的条件了。"这听起来像是我们主宰一切。但在第 31 节，莱布
尼茨却又指出，多做善事和避免罪行是恩典作用的结果。他总结道：
"难道最终一切不都要完全归结为祂（上帝）的仁慈吗？"这听起来又
像是其他人主宰一切。

64　关于"velle"和"nolle"的译法，参见注释 54。我们一起
考虑一下：

（1）Nolo mortem peccatoris.

（2）我意愿反对有罪者死去。

（3）我不意愿支持有罪者死去。

假设我们正在考虑有罪者的死，而这时上帝却说了（1）这句话。莱布尼茨的观点大概是这样的，（2）不可能是上帝的话的正确译法，因为上帝意愿反对的事情是不会发生的，但有罪者还是死了。即使我们使用莱布尼茨自己的定义，并因此消除了意愿的因果影响，（2）仍然不可能是正确的译法。按照莱布尼茨的说法，如果一个行为主体意愿反对某种事态，但那个事态仍然存在，那么这个行为主体（获得了相关的知识）因此就会感到痛苦。既然有罪者确实死了，那么把（1）译成（2）就会带来这样的结论，即上帝会感到痛苦。但上帝不可能痛苦。所以（3）在这种情况下是正确的译法。

65 注意，在科学院版中，这句话的拉丁文是"Deus ipsa per se peccata si non existere intelligantur, nolle . . . dicendus est"，但原稿却有"existere non"这个词。

66 参见引言中关于莱布尼茨所采用的反闭合论证的讨论。无疑，在因获得某种事态而欢欣的意义上，意愿并没有被封闭在蕴含之中。但是，在创造者的意义上，特别是就神而言，意愿有没有被封闭在蕴含之中，或至少被封闭在已知的经过慎重思考的蕴含之中，就不那么明显了。

67 任何试图证明这种说法——即尽管上帝是所获得的每一偶然事态的最终根据，但上帝并不意愿罪，祂只是允许罪——的努力都会受到莱布尼茨同时代人的嘲笑。莱布尼茨在这里宣称他就神的允许给出了一种富有独创性的解释。

68 这是莱布尼茨在《哲学家的告白》中就罪的创造者的问题

所给出的解决办法。他的结论是，罪的创造者是我们和魔鬼，不是
上帝。

69　在《关于天主教的推证的大纲》中，莱布尼茨这样写道，
大罪皆出于恶意，小罪皆出于鲁莽。参见 AVI.i:498。

70　接下来就要开始讨论人的自由了。注意，从"你真的太令
我满意了"开始，通过指出因果决定概念是莱布尼茨关于上帝与罪的
关系的整个看法的一部分，神学家的话引出了这个问题。神学家的主
要观点是，这种决定论可能与人的自由相悖。

71　参见"De obligatione credendi"（The Obligation to Believe, A
VI.iv:2149–2155, 1677），在这篇文章中，莱布尼茨想要证明的是我们
相信某种事物与否并不受我们意志的控制。紧接着他为这个论点做了
辩护，他认为我们没有义务去做不受我们意志控制的事情。他的结论
是信仰并非强制性的，但告诫人们要经常进行调查（这有可能使人们
改变信仰）。值得注意的是，莱布尼茨在这篇文章中用到了一个非常
"理智的"信仰概念，他认为它有这样的特征，即"相信就是意识到
了对我们来说有说服力的理由"。

72　"liberum arbitrium"这个短语很难翻译。"liberum"（自由）
比较容易翻译，但"arbitrium"比较难翻译，这个词通常指一种行动，
比如，决定、判断、甚至命令。作为自由选择理论的一部分，"libe-
rum arbitrium"开始与自由选择联系在一起（比如，在阿奎那的作品
中，它们就联系在一起），但到了 17 世纪，它就独立于特定的自由选
择理论，完全代表自由选择了。

73　莱布尼茨无时无刻不在批判莫利纳派的自由概念。但问题
是，莱布尼茨是不是偷换了概念，因为在莫利纳的自由概念中，并没

有"行为主体之外和之内的一切均相同"这一部分。注意，这一同样的"相同"条件也出现在了莱布尼茨在其他地方对莫利纳的自由概念的描述中，参见《对话斯泰诺》（A VI.iv:1380）。这种描述莫利纳的自由概念的方式在莱布尼茨时代就已经被广泛接受。但它是不准确的，而它的不准确性可能误导了一些人。我认为，莱布尼茨对莫利纳的批判——他借此提出了自己的观点——与"行动者之外和之内的一切均相同"这个从句没有必然关系。

74 参见注释 23。

75 参见 Aristotle, *Nic. Ethics* book III, 3。另参见莱布尼茨在《神正论》第 288 节、第 290 节以及第 301 节的讨论。

76 在《神正论》第 34 节，莱布尼茨写道，"亚里士多德曾经提到，在自由中有两样东西，那就是自发性和选择"。在《神正论》第 302 节中，莱布尼茨又写道，"至此，我已经阐述了亚里士多德提出的自由的两个条件，即自发性和理智。这两者当我们深思熟虑时在我们身上是结合在一起的，而禽兽则缺乏这两个条件。但经院哲学家却进一步提出了第三个条件，即他们所谓的'中立'。实际上，我们必须承认中立，但前提是它意指偶然性"。

在《神正论》第 288 节，我们可以看到莱布尼茨对自由做出了经典成熟的分析。需要注意的是，从《哲学家的告白》的这些段落来看，第三个条件——偶然性——并不是自由的必要条件。确实，在《哲学家的告白》中，即使是本质上的偶然性也没有被认为是造物的自由的必要条件。那么从本卷所翻译的其他作品来看，本质上的偶然性是不是自由的必要条件呢？我想是的；关于莱布尼茨在《对话斯泰诺》中就犹大背叛基督所说的那些话的合乎情理的解释至少应该包括

[159]

这样一个要求，那就是，在自由选择中，存在着本质上可能的但未被选择的其他选项。参见《对话斯泰诺》，A VI.iv:1380。

77　正如在引言中所讲的那样，这个原则适用于后件意志，但不适用于前件意志。

78　我们来考虑一下这样一种心灵，它有能力去做与任何人的预言相反的事。莱布尼茨认为，这种心灵"过去不存在，现在不存在，将来也不存在"，就此，他标准的讲法是，这样一种存在物从假设的必然来讲是不可能的，也就是说，这样一种存在物与某种必然存在者的某种必然特征相抵触，尽管它仍有本质上的可能。

79　Ovid, *Metamorphoses* VII, pp.20–21.

80　关于这个话题，参见莱布尼茨在《神正论》第 297 节、《人类理智新论》第 185 节以及《神正论》第 154 节所作的评论，在《神正论》第 154 节，他写道："奥维德借美狄亚之口说：'我明白也赞成更加善者，但却听从更加恶者。'这两句话的意思是，令人愉悦的善战胜了合乎道德的善，倘若灵魂此时受到了激情的鼓动，那将给灵魂留下更加深刻的印象。"

81　自由——这里的意思就是对理性的运用——这个概念是《论自由选择》关注的核心问题。参见 Commentary on Burnet 42h。

82　神学家从这里开始对莱布尼茨的立场展开了新的一轮攻击，而这将在随后的对话中形成一个重要的反对意见，参见 A VI.iii:137。

83　"留心注意"这个概念在莱布尼茨对道德的解释中扮演着一个重要的角色。需要注意的是，在《致马格纳斯·威德考普夫》中，莱布尼茨把"没有留心注意"看作是对彼拉多受到诅咒做出恰当的因果解释的关键（A II.i:117）。另参见 "Elementaverae pietatis"（Elements of True Piety, A VI.iv:1357–1366），莱布尼茨在文中指出，特别"留心注意"被认为是神圣的礼物。

84 参见《约翰福音》第 12 章第 40 节。在这个问题上，我们习惯于对上帝"叫他们硬了心"进行"温和的"解读，也就是说，将其解读为上帝允许受造物拒绝神恩。

85 这些格言，即"要明白你现在为什么这么做"或"留心注意你的目标"或"看看你做了什么"，都来自中世纪传统。莱布尼茨在他关于笛卡尔的《哲学原理》的述评中讨论了它们的德语和法语变体［参见 Gvi:362（L388）］。

86 注意，莱布尼茨在这里循着受造物的意志的原因序列追溯到了"普遍的和谐"，即神的理智中的必然真理。它不同于《对话斯泰诺》中的接下来这段话，在那里，莱布尼茨就罪终极原因写道："它的第一因就是事物序列的第一因，也就是在神的理智中确立起来的理念秩序，而后者以这样一种方式表现了可能事物的本性，即最终选择的这个序列就是最好的序列。"在这里，莱布尼茨试着把神的理智与神的意志都当成了某些被创造出来的事态存在的终极原因的组成部分。但是，毫无疑问，如果神所有的意愿的终极原因都归结为神的理智，那么这两种解释没有什么区别。

[160]

87 显然，德国人有一个迷信的说法，即新月之后第四天出生是不吉利的。

88 这里所表达的观点几乎以同样的表述方式出现在了《对话斯泰诺》中，参见 A VI.iv:1379。

89 我们有必要去注意，莱布尼茨在阐述那些支持该结论——恶的问题不能以基督徒所接受的方式来解决——的观点时，他的文章在修辞上有多么的强大。我们可以就莱布尼茨接下来的评论与《神正论》前五节做一个比较。

90　被诅咒者是那些其命运被不可改变地密封的人，而该受诅咒者是那些现在应该受到诅咒的人：如果他们按照目前的行为方式继续下去的话，他们将会受到不可改变的诅咒。这个论点在别处得到了详尽的阐释，参见 DM 30。

91　我们应该再一次为神学家不愿让步而感到高兴。

92　莱布尼茨倾向于认为，不管邪恶的意志来自何处，邪恶的意志和邪恶的行为都应该受到惩罚。参见，比如，《论上帝的全知全能》第 13 节；《对话斯泰诺》，AVI.iv:1378；DM 30；《神正论》第 67 节、第 264 节。事实上，莱布尼茨在《神正论》第 67 节曾这样写道："不管人们设想自愿的行动中存在有什么样的依赖性，即使存在有一种绝对的和数学的必然性（实际上并没有），那也仍旧得不出结论说，我们将没有那么多的必要的自由来确保奖惩公正合理。"这段话似乎表明，莱布尼茨并不认为偶然性是自由的一个必要条件，但这却与他在《神正论》第 288 节、第 302 节似乎在暗示的观点相反。另一种可能是，莱布尼茨认为，只要受到奖惩的行动是自愿的，奖惩就是公正合理的，但真正的自由需要更多的东西。

93　注意，莱布尼茨有意要引用的那段话与这里的内容有些不同。参见 A VI.iii:118–119。

94　参见《神正论》第 266—268 节，莱布尼茨在这里讨论了一个传统问题，即有限的罪过（一个人在有限的一生中所犯的罪过似乎是有限的，无论这个有罪者多么堕落）如何证明无限的惩罚（即永恒的诅咒）是合理的。莱布尼茨选择了一种传统的回应方式，即罪过原本就是无限的，因为它在接下来（永恒）的生命中仍将继续。另参见 *The Catholic Demonstrations*（A VI.i:497–498）。

95　莱布尼茨在多处讨论了这样一个传统问题，即荣福直观（beatific vision）的喜乐如何随着时间的推移而增加的，参见，比如，*The CatholicDemonstrations*（A VI.i:499），PNG 18，以及 "An Mundus Perfectione Crescat" [Whether the World Increases in Perfection（Grua 95）]。

96　神学家的倔强值得我们再一次赞叹。他仍然被这样一个问题所困扰，即上帝对那些"被驱使到对它们来说致命的仇恨中"的受造物是否公平。

[161]　　**97**　莱布尼茨利用哲学家与神学家之间的互动在这里是为了表明他即将进入一些被认为是专属神学的领地，因此，他在哲学家的专属领地之外提出了一个有趣的原则来证明这一思想之旅的合理性。粗略地讲，只要自然理性有办法发现它自身在一个主题上的错误，它就可以正当地继续去追问这个主题。莱布尼茨担心其他人会觉得他冒险进入了甚至天使都不敢涉足的领域，而这种担心在对话临结束时表现了出来。

98　正如在引言中所指出的那样，从这句话开始，就有了这场对话的第二个版本。如果第二个版本不同于完整版的地方看起来有哲学意义的话，我们都会把它们记载下来。

99　关于莱布尼茨对寂静主义持否定的态度，参见，比如，NE 454 以及 DM 4。

100　关于这一貌似乐观的论点的更进一步的表述，参见 A VI.iii:476（DSR 29），尤其参见 DM 30，莱布尼茨在这里写道："只要不去意愿（犯罪）就行，上帝不可能提出比这更简单、更公正的条件了。"关于与这一点相关的评论，参见注释 63。

101　我在翻译时保留了拉丁文"conatus"（努力），我用一个同源词替换了拉丁文"affectus"（情感）。莱布尼茨按照古典的定义给出了这样的解释，即"努力是一种行动，如果没有任何阻碍的话，运动就会随之而来"（C 481）。在他赴巴黎之前写给阿尔诺的一封信中，莱布尼茨提到了"心灵的努力，即意愿"（A II.i:173）。

在一篇写于 1677—1678 年的重要文章中，莱布尼茨把意愿（voluntas）描述成了对善恶的感觉（sententia）；紧接着，他又把这种感觉描述成了实践性的思（cogitatio），即具有行动倾向（conatus）的思。他注意到这两句话带来了这样的结论，即意愿是具有行动倾向的关于善或恶的思。参见"Elements of True Piety"（A VI.iv:1360–61）。在一篇写于 1679 年 4 月的文章中，莱布尼茨把情感（affectus）描述成了灵魂的先占观念（preoccupation），它来源于对善恶的感觉（A VI.iv:1412）。

102　莱布尼茨认为，尽管现在已经决定了你将来是否成功，但你仍然有理由做出努力，这在某种程度上是因为你目前完全不了解未来。参见，比如，DM 30，莱布尼茨在这里写道："但是，我将要犯罪，这有可能早已被永世地确定了下来。不过你应该告诉自己，也有可能没有被确定下来。你只要按照你能知道的责任行事就够了，不需要去考虑你不知道的和不能启发你的。"另参见莱布尼茨在《1690 年3 月 23 日致阿尔诺》中的评论（LA 136）。

103　在《神正论》的前言中，莱布尼茨写道："如果一个人没有认识到上帝的完满性，他就不可能爱上帝，因为这种认识包含了真正虔诚的原则"[Gvi:28（Huggard 52）]。另参见 PNG 17。

104 这首诗很像维吉尔的《埃涅阿斯纪》中关于埃涅阿斯进入冥界的一些段落；尤其参见 Virgil, Aeneid, VI, pp.118, 126, 495。

105 阿佛纳斯湖位于库迈（Cumae）和部丢利（Puteoli）之间。据说埃涅阿斯进入冥界的洞穴就在它附近。泰纳伦海角位于拉科尼亚（Laconia）；它邻近的洞穴在古代被认为是冥界的入口。参见 Seneca, *Phaedra*, ll. pp.1201–1203。

[162]

106 参见 S.T. Ia IIae Q114, a.1, ad.3, 阿奎那在谈到《罗马书》第 11 章第 35 节——"谁是先给了祂，使祂后来偿还呢？"——时宣称，上帝不能对受造物有义务，祂只对自身有义务。参见 Causa Dei 66，莱布尼茨在文中写道："我们不能以人类的方式，而是只能以上帝特有的方式来理解上帝有义务做某事，否则祂就会贬损祂自身的完满性。"

107 这是一段极其必然论的话。在这部分手稿的第二个版本中，莱布尼茨补充了这样一句话："因为尽管这个（序列）是被自由选择的，但它却是被绝对无误地选择的，因为正如我前面所讲的那样，它是最好的。"

108 我们在《致马格纳斯·威德考普夫》（A II.i:117）中也看到了同样的观点，莱布尼茨在这封信中写道："上帝意愿的事物是祂所知道的最好的事物，也是最和谐的事物。"另参见，"On the Necessity of Choosing the Best", A VI. iv:1352, 莱布尼茨于 1677 年完成了这篇文章，并呈递给了斯泰诺。参见 "On Existence"（1676），莱布尼茨在文中写道，"因为存在的事物同样也就是被上帝理解为最好的事物，即最和谐的事物"[A VI.iii:588（DSR 113）]。

109　参见 DM 31，莱布尼茨在这里表达了同样的观点："至于这一重大问题，即上帝为什么愿意从那么多的其他可能的人当中选择某一个人，人们如果不满足于我们给出的一般理由，那是非常不理智的，因为我们无法了解它的细节……圣保罗就此给出了最好的说法，那就是，人类不可能知道，但上帝早就观察到了智慧或和谐的某些重大的理由，而它们就植根于以宇宙最大程度的完满为目标的普遍秩序。"

110　在这段时期，莱布尼茨脑子里一直想着与无神论作斗争的必要性。参见 letter to Johann Friedrich of March 1673（A II.i:231）；letterto Spitzel of 1670（A I.i:85）；以及 "Confession of Nature Against Atheists"（A VI.i:489–493, A VI.ii:569–570），1668。

111　我们很难解释清楚我们在接下来的三页的对话中看到的关于个体化的材料。神学家的观点似乎是这样的。第一，他假定各个灵魂最初在内在属性方面相似，因此只是在号数上有区别。第二，他由此推断，如果 A 和 E 是不同的灵魂，那么它们肯定会因为对外部世界的印象不同而不同，而这只能是因为它们处在不同的空间或时间。然后他又问道为什么 A 和 E 处在它们现在所处的时空。无疑，他的意思是，这不可能有理由，因此我们违反了充足理由原则。哲学家的回应似乎是接受了神学家的论点，即灵魂通过参照空间或时间被个体化了，因此，至于为什么 A 占据了这一时空序列，而 E 占据了另一序列，就没什么可说的了。他的观点似乎是，A 就是任一拥有前一时空历史的灵魂，E 就是任一拥有后一时空历史的灵魂。哲学家似乎由此得出了这样的结论，即这种情况并不需要一个理由，它也不可能被给出，所以，我们没有违反充足理由原则。

[163]

这次交流似乎迫使莱布尼茨又承认了他在别处拒绝的各种论点。我们可以拿他写给托马斯·伯内特的一封信来看一下，莱布尼茨在信中写道，"根据一般规则，即任何事物的出现都有其理由，我们可以得出结论说，为什么灵魂 A 在身体 B 内，为什么灵魂 E 在身体 F 内，这必然有其理由。但如果 A 和 E 之间没有任何差异，这些灵魂就会对身体 B 和 F 漠不关心，那么最终结果就是，它们将毫无理由地被安放在它们所处的身体内"（a letter to Thomas Burnett of March1696, A I.xii:478）。

112 注意，莱布尼茨似乎在这里姑且认为，个体化原则的主要意思是事物**仅仅在号数上**（solo numero）有差异。但如果事物仅仅在号数上有差异，那么也就不存在个体化原则了。《对个体化原则的沉思》中的这段话也许对我们来说有帮助："除非我们承认两个事物不可能完全相似，否则就会得出这样的结论，即个体化原则是一个事物的原因，但却外在于这个事物"［"Meditatio de principio individui"（Meditation on the Principle of an Individual），A VI.iii:491］。

我认为莱布尼茨的主张是，如果 x 和 y 有可能完全相似，也就是说，它们在内在属性方面一样，那么使它们个体化的将是它们的外在属性。这听起来很稳妥。我认为，在这段对话中，当莱布尼茨声称 x 与 y 仅仅在号数上有差异时，他的意思是 x 与 y 在内在属性方面完全相似。这似乎符合他关于鸡蛋的讨论。所以根据这个解释，两个鸡蛋在号数上可能有差异，也就是说，它们在内在属性方面完全相似，只是在外在属性方面有差异，比如，在某一时刻，它们在蛋架中的位置。

113 我们应该拿莱布尼茨在这段话中对鸡蛋的讨论与他接下来

在《人类理智新论》中关于树叶的讨论做个比较:"我记得一位聪明睿智的伟大王后有一天在她的花园里散步时说,她不相信有两片树叶是完全一样的。和她一起散步的一位精明绅士相信他很容易就能找到两片;但他虽然找了很久,终于凭他亲眼所见,深信永远能看到其中是有差异的"(NE 231)。

很明显,莱布尼茨在这里通过"完全一样"想要说的是内在属性方面一样。当伟大的王后和精明的绅士仔细检查两片树叶,看它们是否完全相似时,树叶占据了不同的空间,所以它们在某些外在属性方面是有差异的。同样明显的是,莱布尼茨并不打算留意海恩豪森王宫花园这个狩猎之地的树叶的独特之处〔这位聪明睿智的伟大王后是选帝侯夫人索菲(Sophie),她是莱布尼茨的雇主汉诺威选帝侯恩斯特·奥古斯特(Ernst August)的妻子;这位精明的绅士是卡尔·奥古斯特·冯·阿尔文斯莱本(Carl August von Alvensleben),他是一位宫廷官员〕。

114 人们通常认为是邓斯·司各脱引入了"haecceitas"(个体性)这个拉丁词,而它指的是区分某个别事物与其他所有可能事物的东西;参见他对彼得·隆巴迪的《箴言四书》的评论,In 1 Sent. 2, distinction3, question 6, article 9。 [163]

115 "就是这样,有可能令你惊讶的是,个体化原则在事物本身之外。"我们先平复一下我们内心的惊讶。如果(这似乎说得通)莱布尼茨在这段对话中只是将个体化原则运用到了相关个体仅仅在号数上有差异的情况,并且如果莱布尼茨在这段对话中认为个体只有当它们有差异但在内在属性方面完全一样时才会在号数上有区别,那么除了"在事物本身之外",我们在任何地方都找不到可以区分它们的东西。我们可以用这段对话的语言来表述这一似乎与莱布尼茨后期所持观点相冲突的主张，即存在有明显不同的个体，它们只是在号数上有区别，也就是说，它们在内在属性方面一样，只是在某些外在属性方面有差异。我们再来看一下《人类理智新论》中这段有代表性的话："如果两个个体完全相似和相等，并且（总之一句话）凭本身无法区分开来，那么就不会有什么个体化原则；我甚至敢说在这种条件下就不会有什么个体的区别或不同的个体。所以说，原子的概念是荒诞的，只能来源于人类不完全的观念。因为如果原子，即完全坚硬、完全不变（不能有内部变化）的形体（body），只能从大小和形状上彼此区别开来，那么很明显，因为它们可能有同样的形状和大小，所以在这种情况下，它们本身就不能区别开来，而只能通过毫无内在根据的外在名称加以辨别——这与最大的理性原则背道而驰"（NE 230–231）。

116 关于莱布尼茨这一观点的讨论，参见引言第 5 部分，以及《哲学家的告白》注释 111—118。

117 莱布尼茨这里用到了一个关于考虑不周的愿望的常见的例子：一个想成为国王的农民。参见，比如，*De Malo* Q5, a. 3, Response，阿奎那在文中声称，只有心志错乱的农民才会因为没有继承王位而悲伤。

118 我们来看一下这段话："这个人肯定会犯这种罪，其原因何在？答案很简单：否则就不是这个人了。"这段话及其他类似的话表明莱布尼茨的观点是，每个人的每一种属性都是这样的，如果那个人缺乏那种属性，那个人从一开始也就不会存在。不论是在这里还是在其他地方，莱布尼茨利用这个观点似乎都是为了达到神学的目的。因此，在批评家问上帝为什么没有给他更多的力量来抵制诱惑时，莱布尼茨回答说，如果上帝这样做了，祂就不会创造批评家，而是创造其他人了（A VI.iv:1639）。所以批评家就没有理由抱怨了。

在这个语境下，莱布尼茨提出了一个比较有限的结论，即你和我没有理由抱怨上帝允许罪人亚当和夏娃存在，因为如果不这样，我们都不会存在。在这里，莱布尼茨从一个相比他处（参见 DM 30 以及 A VI.iv:1639）用到的更不那么彻底并因之也更似是而非的假设出发得出了他的结论。就这一点来说，参见罗伯特·亚当斯（RobertAd-ams）那篇有见地的文章，"Existence, Self-Interest, and the Problem of Evil", in *The Virtue of Faith and Other Essays in Philosophical Theology*（New York:Oxford University Press, 1987）。 [165]

4. 罪的创造者

1　参见 LH I 3, 5 Bl 25。科学院版的编辑指出，这篇文章可能是一个尚未发现的更大作品的一部分。

2　如果上帝是受造物的意志的第一因，那么我们自愿的行动的缺陷（包括罪）就必须归咎于上帝，阿奎那在《论潜能》中对这个反对意见做了仔细的思考，他的回答是："在罪行中，一切存在物或行动都要归结于作为第一因的上帝 , 一切道德方面的缺陷则都要归结于作为其原因的（受造物的）自由选择。"（参见 *De potentia* Q3, a.6, ad 20）他在其他地方详尽地阐释了这一说法，他声称，就罪行来说，犯罪的受造物不只是在因果上促成了这个（有罪的）行为，也促成了它的罪，但上帝并不是这样。阿奎那总结道："人是罪的原因。而上帝是这个行为的原因，但祂决不是与这个行为相伴的缺陷的原因；因此祂不是罪的原因。"（参见 S.T. IaIIae Q79, a.2, ad 2）莱布尼茨这篇文章抨击的正是这样一种解释。

3 这里所谓的罪的物理的方面似乎包括罪行的所有自然属性。

4 注意，莱布尼茨在这里以及在《上帝的全知全能与人的自由》第 18 节嘲弄这一"失范"的说法时措辞特别强硬。它非常接近霍布斯在拉丁文版《利维坦》第 46 章第 22 节中的措辞和评论。罪本身就是失范，即某种行为不符合某种相关的律法；"不"是一种否定，也就是说，"不是一种行为，或任何一种行动"。霍布斯阐述了这种思想的本意并对其做了批判，他写道："如果……人们可以这么说，即上帝是一切行为的原因，也是一切律法的原因，但却不是行为与律法不一致的原因，那么人们也大可以说，一个人画了两根线，一根直线，一根曲线，这个人创造了这两根线，但致使它们缺乏一致性的却是别人"[*Leviathan*, ed. Edwin Curley（Indianapolis:Hackett, 1994），pp. 475–476]。

5 莱布尼茨在《论上帝的全知全能与人的自由》第 18 节中同样提到了这个主张，即如果这种失范的解释可以免除上帝的罪责的话，那么它应该也可以免除我们的罪责。

6 莱布尼茨决不只是想嘲笑失范理论所依赖的框架。在《哲学家的告白》中，莱布尼茨想对它做些修正，以得到希望看到的结果，即对罪行来说，上帝是无罪的，我们有罪。在《论自由、命运与上帝的恩典》这篇重要文章中，莱布尼茨写道，"说上帝协助罪的质料，但不协助罪的形式，因为它形式的方面是一种缺乏或失范，这似乎是一种幻觉。但人们应该知道，这个回答比它乍看起来要牢固得多，因为任何缺乏即不完满，而不完满即有限"（A VI.iv:1605）。这段话将莱布尼茨的最终解决方案中的概念工具用到了罪的创造者的问题上。参见《神正论》；另参见 Commentary on Burnet 14e, 56b, 56d。

5. 关于自由问题对话斯泰诺

1　参见 LH IV 4, 3 Bl 12–14。科学院版在介绍这篇文章之前先做了如下说明："我们用斜体（这里改成了下划线）把可能被指认为出自斯泰诺之口的谈话内容标记了出来。"我效仿科学院版的做法，用下划线把译文中的相关段落标记了出来。但编辑意识到在某些地方做出这样的指认有失妥当。我认为他们的目的是就这个问题展开学术对话，而我的目标就是在接下来的一些注释中为对话贡献我的力量。

莱布尼茨写这篇文章只是为了记录他与斯泰诺之间的交流。在原始手稿中，没有任何记号可以表明莱布尼茨什么时候在表达自己的看法以及他什么时候在记录出自斯泰诺之口的谈话内容。不过，有些地方还是很明显的，比如，在科学院版系列六第四卷第 1376 页，"你回答说这是不可能的。我问你为什么。你说，因为这有悖于正义"。遗憾的是，也有一些地方，我们完全分辨不出来（反正对我来说是这样），在那里，情况就变得很微妙了——如果认为这些话全部出自斯泰诺之口或全部出自莱布尼茨之口是恰当的，那么这很可能扭曲了莱布尼茨的意图。在我看来，我们不能直截了当地说科学院版系列六第四卷第 1377 页的材料以及这篇文章的其他段落到底是出自斯泰诺之口还是出自莱布尼茨之口。关于我对刚刚提到的加下划线的段落的评述，参见注释 8——一个特别棘手的案例。

2　参见《哲学家的告白》注释 25。

3　构成世界的事物序列的充足理由必定在世界之外，莱布尼茨以此为出发点完成了他那篇著名的文章《论事物的最终起源》["On the UltimateOrigin of Things", Gvii:302–3（AG 149–50）]。

4 我不完全确信这段话是斯泰诺所说。因为这里提出了一个熟悉的观点，它直接针对的就是莫利纳派的自由概念——照此概念来看，理性决定意志是有悖于自由的。这个观点认为，上帝的意志总是由神的理性决定，但上帝以最完满的形式体现了自由。参见，比如，《论自由选择》。

5 为了达到各种的目的，莱布尼茨把包括所有不虔诚的人得到拯救和所有虔诚的人受到诅咒在内的事态也都考虑了进来。在 1677 年 5 月阿诺德·艾克哈德（Arnold Eckhard）的来信的附注中（A II.i:352, n.78），莱布尼茨写道，如果正义和良善取决于上帝的意志，那么上述的事态就有可能发生。在本文中，莱布尼茨的意思是，这种事态本质上是可能的，尽管它与上帝的必要特征并不相符。参见我在引言中对本质模态的讨论。关于其他出于这个或相关的目的而运用这个例子的段落，参见 A VI.iv:1378；A VI.iii:581（DSR 105）；Grua 336, 342, 351, 360; A VI.iv:1453;《神正论》第 282 节；A VI.iii:463–464（DSR 7）。

[167]

6 人们可以很容易想到莱布尼茨这是在回应斯泰诺的批评，即莱布尼茨的说法与奥古斯丁的作品不一致。就天意、恩典和自由等问题而言，几乎所有 17 世纪的基督教作家都声称他们与奥古斯丁的观点一致。莱布尼茨可能是在建议他和斯泰诺应该把注意力集中在确定这些问题的真相，而不是试图找出奥古斯丁的观点，因为前者比后者更容易被发现。

7 莱布尼茨对克拉克（Clarke）做了本质上相同的评论；参见莱

布尼茨致克拉克的第五封信，第 55—58 段（LC, Gvii. 404–405）。

8　这段话给我们带来了一个微妙的解释难题。莱布尼茨这里表达的是谁的观点？如果不考虑这一段的最后一句，它很可能被认为是异端命题——斯泰诺声称，这是莱布尼茨立场的必然结论——的一种表达。我暂且建议大家作如下解读。莱布尼茨在这里写下了一连串的句子，而斯泰诺很可能觉得他的观点近乎异端。因此，从这一段的最后一句开始，直到科学院版系列六第四卷第 1378 页，莱布尼茨都在试图证明这一点，即我们可以解释所有这些句子，所以它们不仅不是异端邪说，而且实际上是真实的。

9　也许莱布尼茨在这里打算描述的是绝对不可能性的含义，如果是这样的话，编者就不需要添加"aliter"（另外一个事物）这个词了。

10　这句话的意思不太好理解，不过这段话其余的部分可以清楚地表明莱布尼茨的观点。

11　这段话很难翻译，也很难解释。拉丁文"speculum"通常的意思是"镜子"，但也可以理解为"复制""模仿"或"表象"。解释的困难在于我们无法确定莱布尼茨在这里就神的预知的特征所谈到的与他在大致同一时间完成的《中间知识》中就同一主题所谈到的是否一致。在《中间知识》中，莱布尼茨似乎认为，建立在表象知识基础上的预知将纯粹是经验性的，因此不适合上帝。莱布尼茨在这篇文章中接着讲道，上帝的预知必须建立在对祂下达了什么样的谕旨的自我认识的基础上，或者，就反事实的有条件的事物而言，祂的预知必须建立在关于祂将会下达什么样的谕旨的知识的基础上。但在《对话斯泰诺》接下来的段落中，莱布尼茨似乎表明，在这篇文章中，他认为关于神谕的知识也包括上帝关于未来偶然事件的知识。不过，正如科学院版的编辑所认为的那样，也许莱布尼茨在这里只是总结斯泰诺的观点。

12　这段话简直太难理解了。到底什么是第一因呢？是神的理智中的理念？还是拥有最好的特定理念集合的事态？还是上帝的那个要把这一特定的理念集合实例化的决定？参见《哲学家的告白》注释82。

13　莱布尼茨倾向于认为，上帝的意志与祂的受造物身上的罪有关，就像一位技法纯熟的作曲家与他谱写的曲子中的不协和音有关一样。见下文；参见《论上帝的全知全能与人的自由》第3节，第18节；以及《哲学家的告白》，A VI.iv:1382–1383；A VI.iii:131。

[168]　**14**　关于其他与莱布尼茨在这里所表达的观点相近的文章，参见《哲学家的告白》注释92。

15　参见《哲学家的告白》, A VI.iii:142–143。我不知道为什么要把这些话说成是出自斯泰诺之口。

16　参见《哲学家的告白》，A VI.iii:136。

17　参见 Virgil, Aeneid, VI, p.376。

18　这里对充足理由原则做了详细的论述。

19　参见《哲学家的告白》注释73。

20　"晚期经院哲学家"的说法取代了"莫利纳派"的说法。但这里的靶子就是莫利纳的自由概念。

21　注意，莱布尼茨这时已经准备承认这一点，即在行动所有外在的必要条件都已经被设定的情况下，自由指的是采取行动或不采取行动的能力。莱布尼茨在《哲学家的告白》中提出了这个学说，参见 A VI.iii:133。不过，有些人会很自然地提出这样一个反对意见。考虑到莱布尼茨在这些文章中所明显提出的严格的因果决定论，我们可能会觉得，行动内在必要条件从因果上讲取决于外在的必要条件。因此，如果一个人在给定的情况下有采取行动或不采取行动的能力，那么所有外在的必要条件也就都已经被设定好了，也就是说，包括外在的和内在的在内的一切必要条件也就都已经被设定好了，因为内在的取决于外在的。因此，根据这个反对意见，莱布尼茨这里准备接受的关于自由的描述可以归结为莫利纳的自由概念。

在以莱布尼茨的名义回应这个反对意见时，有些人会很自然地诉诸于他笃信的自发性原则，即被创造出来的实体的每一个并非不可思议的状态（除了它的初始状态）的真正原因是这个实体的先前的状态。关于自发性原则的详细的陈述，参见 LA 91–92；莱布尼茨声称他的自发性原则为自由提供了基础，参见 a letter to Masham（Giii:364）以及 a letter to Jaquelot（Giii:471），在这两封信中，莱布尼茨提到了他自己的体系："我认为，在这个体系当中，真正的自由，即选择的自发性与灵魂相对于除上帝之外的一切事物的独立性，似乎更有优势。"

所以，照这个回应来看，莱布尼茨在对某一实体的某一行动的外在和内在必要条件进行区分时也只是随便说说；照他的自发性理论来看，实体所有并非不可思议的行动——除了它的第一个行动之外——都是内在的必要条件的结果。

对于这个回应，我们可以料想，肯定有人会做出这样的反驳，即姑且承认莱布尼茨的自发性原则在被创造出来的实体之间排除了实体间因果关系，但他关于预定和谐的论点却确保了被创造出来的行为主体对其外在环境的依赖关系，这种关系足以支持最初那个反对意见——据此，一旦外在的必要条件被设定了，那么内在的必要条件也就被设定了——的其他说法。事实上，关于这一反驳，即关于心灵的内在倾向起因于对身体以及其他外在因素的印象的主张，莱布尼茨在一篇写于 1689—1690 年的重要文章中做了认真的思考，他写道，"我承认这涉及心灵当前的某些倾向，但不是全部倾向。因为心灵还有某些原始倾向，而它们并非源于任何外在的东西。因此，我们必须说，心灵本身因为它们原始的本性不同而彼此不同……自由根植于这些原始的倾向"（A VI.iv:1639）。

[169]

莱布尼茨在 1695 年写给托马斯·伯内特的信中提出了同样的观点，他写道，"我们原始的倾向并非来自外部……人类的灵魂本身存在差异，然而大多数人却认为他们的差异仅仅源于身体"（A I.xii:178）。

我们有必要去思考一下这个论点是否与《哲学家的告白》中所提出的灵魂的个体化的论点一致。参见《哲学家的告白》注释111—118。

22　J. C. Scaliger, *De causis linguae latinae* book 12（Lyons, 1540）.

23　J. C. Scaliger, *Exotericarum exercitationum* book 15: *De subtilitate*, ad HieronymumCardanum（Paris, 1557）.

24　无论过去如何，将来都是必然的，这一学说是莱布尼茨哲学的一个主要内容。

25　注意，莱布尼茨这时显然认为本质上的偶然性是自由的必要条件。参见《哲学家的告白》注释76。

26　这段话第一句谈到了"Ex complexis"，下一段话第一句又谈到了"Ex terminis incomplexis"。我把"complexis"译成了"命题"，把"terminis incomplexis"译成了"非命题性的存在物"。有人会很自然地把"terminis incomplexis"译成"观念"，但按照莱布尼茨的说法，上帝不是一个观念。

27　从这段开始一直到"如果我们假定保持乃持续创造"那一段结束，这部分很难解释。乍一看，它似乎与我们对莱布尼茨的期待不同。比如，"物理层面的预定"（praedeterminatio physica）这个表述是 16—17 世纪的作家所使用的一个专门名词，指的是新托马斯主义关于上帝对受造物在自由选择时的意志的影响的解释的一个方面。事实上，"物理层面的预定"在这里确切指的是莱布尼茨在《神正论》这段话中所声称的我们不需要的东西。"因此，我们无需同一些新托马斯主义者一道，诉诸一种经由上帝的新的直接的预定（une predetermination nouvelle immediate）"（《神正论》第 47 节）。莱布尼茨对物理层面的预定这个概念有他自己的解读；关于这样的解读，参见 Commentary on Burnet 56C。

28　莱布尼茨经常批评这样一种观点，即上帝预见到了受造物在神没有协助的情况下会自由地做些什么，然后决定是否去协助。参见，比如，A VI.iv:1458 以及 A VI.iv:1790。但是，如果我们能够把上帝普遍的协助（没有它，受造物不会有任何行动）与上帝特殊的协助、恩典（没有它，任何行动都不会有超自然的价值）区分开来，那么假设上帝预见到了受造物在给予普遍的协助但缺少特殊的协助的情况下会自由地做些什么，然后利用这些信息来决定是否施与恩典，这似乎有一定道理。莱布尼茨深知这一点，参见 DM 31。

29 这段话对所有想了解莱布尼茨关于协助的解释的人来说至

关重要。协助在莱布尼茨的哲学中特别重要；如果不理解他关于协助的解释，我们不可能理解他的行动理论。这段论证与威廉·杜兰度斯（*William Durandus, In sententias theologicasPetri Lombardi*, dist. 1, 9.5）在驳斥协助说——即同一行动也是上帝与受造物的行动，是各自努力的成果——时所用的论证有着惊人的相似。这一驳斥协助的论证的基本思想是：结合关于上帝与受造物的基本真理，这个论点——即上帝在因果上促成了协助所蕴含的受造物的每一个行动——得出了这样的结论，那就是，最后只有上帝实际上真正在因果上促成了受造物的行动，因此，我们被引向了偶因论。显然，莱布尼茨拒绝了偶因论，接受了协助。我想把对这里到底发生了什么做出充分说明的任务留给其他人。关于一些相关问题的深入探讨，参见 Robert Adams, *Leibniz: Determinist, Theist, Idealist*（New York: OxfordUniversity Press, 1994），pp. 94–99。

30 "就行动的实体而言〈——换言之，就事物的实有的方面而言〉"这个从句似乎使我们想起了莱布尼茨在《罪的创造者》中嘲弄的那个理论。参见《哲学家的告白》注释 31。这段话的最后一句指的是圣保罗的教义，它在《腓立比书》第 2 章第 13 节中的表述是"因为你们立志行事，都是神在你们心里运行，为要成就祂的美意"。

31 "保持乃持续创造"是大多数 17 世纪基督教哲学家公开肯定的众多口号之一，但是关于这个命题的内容，不同哲学家之间的差别很大。就像其他人一样，莱布尼茨也接受了这个口号，并随后在各种文本中阐明了他的意思。我们特别期待有人能够就莱布尼茨的神的保持理论给出一种令人满意的学术解释。

32　同样的主张也出现在了《致马格纳斯·威德考普夫》中，参见 A II.i:118。问题是莱布尼茨是如何理解这个主张的，即某种事态是绝对恶的。我猜想他的意思是这样的：只有当事态 p 的出现意味着现实的可能世界不是最好的可能世界时，它才是绝对恶的。考虑到这种解读，莱布尼茨的论点很容易得出这样的结论，即现实世界是最好的可能世界，因此，所出现的任何事态都不是绝对恶的。

33　莱布尼茨在这里对我在注释 13 中所提到的类比做了极其详尽的阐述。它揭示了关于上帝协助罪的问题，不过，我在引言中曾说过，这个问题在本卷收录的文章中并没有得到令莱布尼茨持久满意的解决。我们看一看莱布尼茨在这里就这个在他的乐谱中加入不协和音的作曲家——为了创造令人满意的整体，他不可思议地把不协和音变成了协和音——写了些什么。按照莱布尼茨的观点，我们可以这样说，那就是，作曲家是出于偶性的不协和音的创造者，他允许不协和音，而不是意愿它们。但是，作曲家不能说——除了可能以隐喻的方式之外——不协和的音符"创作了自身"。作曲家创作了它们，即使他心中有一个有价值的目标。他从因果上仍然是要对乐谱中存在的那些音符负责。但是，在莱布尼茨成熟时期的作品中，他却试图创立一种协助理论，而它可以得出这样一个结论，即就像作曲家与不协和的音符没有因果关系一样，上帝与罪没有因果关系。 [171]

6. 中间知识

1　LH IV 4, 3 Bl 15.

2　莱布尼茨认为佩德罗·丰塞卡（1528—1599，被誉为"葡萄牙的亚里士多德"）与他的学生路易斯·莫利纳（1535—1600）是中间知识这个理念的创始者。他们创作和辩论的时期正值西班牙经院哲学复兴，是宗教哲学史上最活跃和最具创造性的时期之一。在这段时间，道明·巴内茨（Domincus Bañez，1528—1604），弗朗西斯·多勒都斯（Francicus Toletus，1532—1596），罗伯特·贝拉明（Robert Bellarmine，1542—1621），弗朗西斯科·苏亚雷斯（Francisco Suarez，1548—1617），加布里埃尔·瓦斯奎兹（Gabriel Vasquez，1549—1604，被誉为"西班牙的奥古斯丁"），以及迪亚戈·阿尔瓦雷茨（Diego Alvarez，1550—1635）等人也很活跃，而所有这些人在莱布尼的作品中都被提到过。

丰塞卡和莫利纳认为，要对受造物的自由选择做出严格意义上的解释，人们需承认这样一种被称为中间知识的神的知识，它不同于上帝关于必然真理的知识和祂关于自身意志的逻辑后果或因果后果的知识。他们的思想大致上是这样的：如果受造物的选择只是神的意志的逻辑后果或因果后果，那么无论是从自然秩序来讲，还是从超自然的秩序来讲，该选择都是不自由的。因此，上帝关于必然真理的知识乃至祂关于自身意志及其逻辑后果和因果后果的知识都不足以充当祂关于受造物的自由选择的知识的基础。但是，毫无疑问，上帝是全知的；因此，上帝知道受造物会在各种情况下自由选择去做什么，因为祂对受造者的意志拥有所谓的超理解：中间知识。

在莱布尼茨的时代，莫利纳派的反对者通常从三个方面来抨击这种观点，第一，归属于受造物的自由概念与严格意义上的关于天意的解释相抵触；第二，归属于受造物的自由概念是错误的；第三，如果归属于受造物的自由概念是正确的，那么上帝就不是全知的，也就是说，"中间知识"是一个没有解决方案的问题的名字。莱布尼茨有时似乎认同第三个批评，参见，比如说，《论上帝的全知全能与人的自由》第 19 节；另参见《神正论》第 41 节；以及 Gvi:434（Huggard 439–440）。我倾向于认为，莱布尼茨一直以来的观点是这个批评无效，参见《神正论》第 42 节、第 364 节。关于这个问题的讨论，参见 Robert Sleigh,"Leibniz on Divine Foreknowledge," Faith and Philosophy 11, no. 4（1994）: 547–571。

　　莱布尼茨有时也会用到针对莫利纳派的第一个反对意见（参见《论上帝的全知全能》），但他主要用到的还是第二个反对意见，即归属于受造物的自由概念是错误的，因为它违背了充足理由原则。

　　3　这个论点在莱布尼茨关于神的知识的讨论中频繁出现。它的 [172] 意思是，上帝的知识是完满的，因为从它的程度上来讲，上帝是全知的，从它的本性上来讲，上帝的知识是确定的、绝对无误的和先天的。[参见，比如说，Causa Dei 13, AVI.iv:2309, 2317–2319, 以及 A VI.iv:1516（PW 97）] 对此，莱布尼茨在科学院版系列六第四卷第 1658 页做了特别充分的讨论，他写道，"偶然真理……是上帝的知识的一部分；祂……通过某种绝对无误的直观（vision）知道了它们。但上帝所拥有的这种直观绝不能被认为是一种经验知识，就好像祂从与自己不同的事物中看到了某种东西一样，而是必须被认为是一种以真理的推演为基础的先天知识，因为祂看到了祂自身内部的事物，通过考虑祂自身的本性看到了可能的事物，而通过进一步考虑祂的自由意志和祂的谕旨看到了现存的事物"[参见 A VI.iv:1658（AG 97）]。

　　4　这是莱布尼茨的底线：因为充足理由原则成立，所以莫利纳派关于受造物的自由的构想是错。因此，没必要设定中间知识。

　　5　这句话很难翻译，也很难解释；当然，这两种困难时常同时出现，这并不奇怪。拉丁文"Petrinitate"和"Paulinitate"显然是杜撰的术语，所以为了翻译，我也杜撰了两个术语。我们也可以把"彼得的意志的本性"改成"彼得的本性（或本质，或个体性）"，把"保罗的意志的本性"改成"保罗的本性（或本质，或个体性）"。

6 据我所知，莱布尼茨最直接地讨论上帝关于自由的反事实的知识的作品是他关于威廉·特维斯的《中间知识》（William de Twisse, *Scientia media*, 1639）的读书笔记："通常来讲，将来有条件的事物是无意义的。因此，如果我问彼得要是没有否认基督将会发生什么，我其实是在问彼得如果不是彼得将会发生什么，因为否认就包含在彼得的完整概念中。不过，在这种情况下，借由彼得的名字，我们可以了解到在否认不会随之而来的那些事物（彼得的属性）中包含着什么，同时也可以了解到否认会随之而来的所有那些事物被从整个宇宙中剔除了出去，这也就可以理解了。有时会发生这样的情况，那就是一个决定本身有可能来自宇宙中给定的其余事物。但有时候，除非上帝以最佳原则为基础颁布了新的谕旨，否则决定也不会从宇宙中给定的其余事物产生出来。如果没有自然链条或与给定的其余事物保持连续，那么除非根据上帝与最好的事物保持一致的谕旨，否则不可能知道将来会发生什么。因此，事件取决于一系列的原因，或取决于神谕。通过中间知识，他们似乎没有获得任何东西"（Grua 358）。关于其他有用的资料，尤其参见 Commentary on Burnet 47b, 49a。黑体字"随之而来"对应的原文是"ex quibus non sequitur"。你不需要非常了解拉丁文就能看出我的翻译的问题。我认为这是莱布尼茨的笔误，不过我觉得我的翻译捕捉到了他要表达的意思。

7 莱布尼茨最后提到了他的一些资料的来源：Duns Scotus,

Quaesitiones in lib.1. sententiarum, dist. 39, q.5, n.23；G. Vasquez, *Com-*
mentoriorum ac disputationum in primam secundae S. Thomae；以及 F.
Macedo, *Collationes doctrinae S. Thomae, et. Scoti, cum differentiis inter*
utrumque。

[173]

7. 论自由选择

1　LH I 3, 5 Bl 23–24.

2　参见引言第 4 部分关于前件意志与后件意志的讨论。

3　我们看一下《人类理智新论》中的这几句话："意愿的自由……
可以从两种不同的意义来看。一种意义是当我们把它和心灵的不完善
或心灵的受奴役相对立时所说的，那是一种强制或束缚，但却是内在
的，就像来自情感的强制或束缚那样。另一种意义是当我们把自由和
必然相对立时所说的。"（*New Essays*，p.175）莱布尼茨接下来在这段
话中将自由选择（le franc arbitre）与第二种意义等同了起来。但我们
应该注意的是，在本文及本卷其他文章中，莱布尼茨并没有说自由需
要的是缺乏必然性。参见《哲学家的告白》注释 76；作为比较，参
见《关于自由问题对话斯泰诺》注释 25。

4　关于本卷中意思大致相当的段落，参见《哲学家的告白》，A
VI.iii:135；《致马格纳斯·威德考普夫》，A II.i:117；以及《论上帝的
全知全能与人的自由》第 19 节。关于莱布尼茨成熟时期对这个主题
的看法的详细阐释，参见 NE 182，在这里，莱布尼茨注意到了这一
点，即"通过我们自愿的行动，我们往往间接地为其他自愿的行动铺
平了道路"。

5　莱布尼茨在他成熟时期的作品中经常比较"中立"的意识与

他所谓的"平衡的中立"或"均衡的中立",他认为前者是自由的必要条件,但后者不是自由的必要条件,并且它不可能出现。参见,比如说,Commentary on Burnet 34c, 42a。我们考虑一下《神正论》第302节中的这段有代表性的话:"[自由除了自发性与理智这两个条件之外]经院哲学家却进一步提出了第三个条件,即他们所谓的'中立'。实际上,我们必须承认中立,但前提是它意指偶然性;因为我在前面已经说过,自由必须排除绝对的形而上的必然性或绝对的逻辑的必然性。但我已经不止一次地解释过了,这种中立,这种偶然性,这种非必然性……乃是自由的一个特有属性,它并不妨害人们对于其所选择的方面具有更强烈的倾向;这无论如何都不意味着要求人们对两个相反的方面采取绝对的、同等的中立。"在下一段中,莱布尼茨把后一种中立称为"均衡的中立"。这个概念有可能给读者留下深刻的印象,因为它显然不同于意思是相关选择缺乏因果必然性的中立概念。关于这个问题,参见《哲学家的告白》注释73。

6 人们对莫利纳关于自由的解释有一个广泛认可的反对意见,那就是他们在通过善得到证实的上帝或他的选民那里看不到自由选择所必需的中立。但可以肯定的是,他们会指出,他们因此在上帝那里看到了自由最完满的形式。参见道明·巴内茨早期对莫利纳关于自由的解释所作的批判,"Tractatus de vera et legitima concordia liberi arbitrii creati cum auxiliis gratiae Dei efficaciter moventis humanam voluntatem", in *Commentarios inedites a la prima secundae de Santo Tomas*, ed. V. B. de Heredia(Madrid, 1948), pp. 351–420;尤其参见364–366。弗朗西斯科·苏亚雷斯(Francisco Suarez)对莫利纳派关于受造物的自由选择做了辩护,他认为,因为就神的行动而言,效力(potency)

[174]

不可能归结为行为，神的意志不可能有动力因，所以，用于描述神的自由行为的中立概念与用于描述人的自由行为的中立概念必然不同，如此一来，存在着各种不同的自由概念也就是意料之中了。参见 Disputationes Metaphysicae[Hildesheim: Olms, 1965, a reprint of volumes 25 and 26 of Carolo Berton's edition of Suarez's *Opera Omnia*（Paris, 1866）], disputation 19, section 4, number 7。

8. 论选择最好的事物的必然性

1　LH IV 4, 3 Bl 16.

2　莱布尼茨终其一生都在关注上帝在选择最好的时的自由的问题。

9. 关于上帝知道一切可能的推证

1　LH IV 4, 3 Bl 17.

索　引

（以下所标页码均为英文版页码，即中文版旁码）

责任编辑：曹　春
封面设计：汪　莹

图书在版编目（CIP）数据

哲学家的告白：论恶的问题：1671—1678 ／ （德）莱布尼茨 著；
　高海青译 . —北京：人民出版社，2020.12
（莱布尼茨著作书信集）
书名原文：Confessio philosophi: papers concerning the problem of evil,
　1671–1678
ISBN 978 - 7 - 01 - 022613 - 2

I. ①哲…　II. ①莱…②高…　III. ①莱布尼茨 - 恶 - 思想评论
　IV. ① B516.22 ② B82

中国版本图书馆 CIP 数据核字（2020）第 214197 号

哲学家的告白

ZHEXUEJIA DE GAOBAI

——论恶的问题 1671—1678

[德] 莱布尼茨　著　高海青　译　王克迪　校

人 民 出 版 社 出版发行
（100706　北京市东城区隆福寺街 99 号）

北京盛通印刷股份有限公司印刷　新华书店经销

2020 年 12 月第 1 版　2020 年 12 月北京第 1 次印刷
开本：880 毫米 ×1230 毫米 1/32　印张：7.5
字数：178 千字

ISBN 978 - 7 - 01 - 022613 - 2　定价：58.00 元

邮购地址 100706　北京市东城区隆福寺街 99 号
人民东方图书销售中心　电话（010）65250042　65289539